Werner Routil

Wochenportfolios für den Deutschunterricht mit Lerneffekt

Vielfältiges Übungsmaterial für Lesetraining, Wortschatzarbeit, Grammatik und Sprachkompetenz

5. Klasse

Kopiervorlagen mit Lösungen

Gedruckt auf umweltbewusst gefertigtem, chlorfrei gebleichtem
und alterungsbeständigem Papier.

1. Auflage 2011
Nach den seit 2006 amtlich gültigen Regelungen der deutschen Rechtschreibung
© by Brigg Pädagogik Verlag GmbH, Augsburg
Alle Rechte vorbehalten.

Originalausgabe © 2009 bvl Bildungsverlag Lemberger, A-Wien
Werner Routil
Gewusst wie 1

Illustrationen: Regina Mayr

ISBN 978-3-87101-**692**-9   www.brigg-paedagogik.de

Inhaltsverzeichnis

Schreiben

5

Lesen

Zeichnen/Malen

Ordnen/Bestimmen

Ankreuzen

Ergänzen

Lösungspaar suchen

Im Wörterbuch suchen

Im Internet suchen

Zusatzinformationen

Partnerarbeit

Nachdenken

Liebe Kollegin, lieber Kollege,

offene Lehr- und Lernformen erfreuen sich zu Recht immer größerer Beliebtheit in unseren Klassenzimmern. Deshalb beinhaltet das vorliegende Buch insgesamt fünf Deutsch-Wochenportfolios zu fünf verschiedenen Themenkreisen, alle aus dem Lehrplan der 5. Jahrgangsstufe stammend und die wichtigsten Teilbereiche des Gegenstandes gleichwertig berücksichtigend. Diese strukturierte bunte Sammlung von Arbeits- und Rätselblättern entspricht der im Lehrplan geforderten Individualisierung und Eigenverantwortung der Schüler, der Forderung nach persönlichem Arbeits- und Lerntempo. Darüber hinaus wurde in Ansätzen die Möglichkeit zu fächerübergreifendem Unterricht realisiert.

Im *„Lesetrainingsprogramm"* steht vor allem die Verbesserung von Lese-fertigkeit und Leseverständnis beim Schüler/bei der Schülerin im Mittelpunkt. Hauptziel des Themenkreises *„Wortspielereien und Sprachbasteleien"* ist die Erweiterung des persönlichen Wortschatzes. Im Bereich Sprachlehre wiederum werden *„Grammatik-Profis gesucht"*, der diesbezügliche Jahreslehrstoff wird auf kreative Art und Weise wiederholt. Für *„Märchen"*-Liebhaber enthält das gleichnamige Wochenportfolio vielfältigste Aufgabenstellungen, vornehmlich zu den Volksmärchen der Gebrüder Grimm. Eine informative Rätselrallye zur Kultur der nordamerikanischen Indianer rundet unter dem Titel *„Sprachkompetenz: ‚Indianer'"* das Gesamtprogramm ab.

Zur Erleichterung und Professionalisierung der Unterrichtsplanung finden Sie zu jedem der fünf Wochenportfolios einen dementsprechenden Lernzielkatalog. Auf einen eigenen Bewertungs- und Benotungsschlüssel wurde seitens des Autors bewusst verzichtet, um den individuellen Beurteilungsgewohnheiten der Kollegenschaft Rechnung zu tragen.

Werner Routil

Das Lesetrainingsprogramm

Lernzielkatalog

Die Schüler/-innen sollen

1. durch Texte aus dem Bereich der Erlebniserzählung ihre Lesefertigkeit und damit verbunden ihr Leseverständnis schrittweise verbessern;

2. durch gezielte Fehlersuche ihre Lesegenauigkeit und damit verbunden ihre Kompetenzen in der Orthografie gezielt verbessern;

3. die Textsorten Rätsel, Gedicht, Sage, Inhaltsangabe, Steckbrief, Witz, Zeitungsartikel und Computerspiel-Anleitung erkennen und benennen;

4. ein selbst gewähltes Gedicht nach vorgegebenen Kriterien auswendig vortragen;

5. anhand einiger Zuordnungs- und Ergänzungsaufgaben ihren Wortschatz gezielt erweitern;

6. die Wortarten Nomen und Verben sicher voneinander unterscheiden.

Werner Rautil: Wochenportfolios für den Deutschunterricht mit Lerneffekt · 5. Klasse · Best.-Nr. 692
© Brigg Pädagogik Verlag GmbH, Augsburg

Wenn du den Text der folgenden Erlebniserzählung deinem Lehrer/deiner Lehrerin insgesamt zweimal laut vorliest, blicke rechtzeitig auf die einzelnen Wörter der rechten Spalte! Dein Lehrer/deine Lehrerin wird danach mittels einer Stoppuhr eine Auswertung deiner Leseleistung durchführen.

Der unheimliche Schatten

Eines Tages fuhren meine Eltern zu einem Konzert. Meine …	*Schwester*
und ich waren … zu Hause und sahen uns am späten Abend	*allein*
noch eine spannende Folge der … „Kommissar Rex" an.	*Krimiserie*
Draußen … es, doch zunächst dachten wir uns überhaupt nichts	*stürmte*
dabei. Plötzlich erlosch jedoch das …, im gesamten Haus war	*Licht*
es stockfinster. Katharina … schließlich eine Taschenlampe und	*holte*
wir beschlossen, uns schlafen zu legen. Wir … die Treppe hinauf	*schlichen*
in … Zimmer. Ich kuschelte mich schnell unter meine Decke,	*unsere*
weil ich furchtbare … hatte. Ich konnte deswegen auch nicht	*Angst*
einschlafen. In diesem … sah ich einen Schatten durch mein	*Moment*
Zimmer huschen. Mein … raste vor Aufregung. Kurz darauf	*Herz*
stieß ich einen lauten Schrei aus. Einen Augenblick … kam	*später*
meine Schwester mit der Taschenlampe in der … in mein Zimmer.	*Hand*
Langsam aber … ließ das Angstgefühl etwas nach, ich war richtig	*sicher*
erleichtert. Ich erzählte natürlich … sofort von meinem Schrecken.	*Katharina*
Sie beruhigte mich … meinte: „Das war sicher nur der Schatten	*und*
eines Baumes." Ein paar Minuten danach … das Licht wieder an	*fing*
zu leuchten. Ich … mir noch eine CD an und schlief endlich ein.	*hörte*
„Mama, Papa, ich … euch etwas erzählen, was ich gestern Nacht	*muss*
erlebt habe", so begann ich am nächsten … von diesem für mich	*Morgen*
so unheimlichen Vorfall … berichten.	*zu*

(aus einem Schüleraufsatz)

Auswertung:

Lesezeit 1: _____ Sekunden   Anzahl der **Lesefehler:** _____

Lesezeit 2: _____ Sekunden   Anzahl der **Lesefehler:** _____

Wenn du den Text der folgenden Erlebniserzählung deinem Lehrer/deiner Lehrerin insgesamt zweimal laut vorliest, blicke rechtzeitig auf die einzelnen Wörter der rechten Spalte! Dein Lehrer/deine Lehrerin wird danach mittels einer Stoppuhr eine Auswertung deiner Leseleistung durchführen.

Der unheimliche Schatten

Eines Tages fuhren meine Eltern zu einem Konzert. Meine Schwester und ich waren allein zu Hause und sahen uns am späten Abend noch eine spannende Folge der Krimiserie „Kommissar Rex" an. Draußen stürmte es, doch zunächst dachten wir uns überhaupt nichts dabei. Plötzlich erlosch jedoch das Licht, im gesamten Haus war es stockfinster. Katharina holte schließlich eine Taschenlampe und wir beschlossen, uns schlafen zu legen. Wir schlichen die Treppe hinauf in unsere Zimmer. Ich kuschelte mich schnell unter meine Decke, weil ich furchtbare Angst hatte. Ich konnte deswegen auch nicht einschlafen. In diesem Moment sah ich einen Schatten durch mein Zimmer huschen. Mein Herz raste vor Aufregung. Kurz darauf stieß ich einen lauten Schrei aus. Einen Augenblick später kam meine Schwester mit der Taschenlampe in der Hand in mein Zimmer. Langsam aber sicher ließ das Angstgefühl etwas nach, ich war richtig erleichtert. Ich erzählte natürlich Katharina sofort von meinem Schrecken. Sie beruhigte mich und meinte: „Das war sicher nur der Schatten eines Baumes." Ein paar Minuten danach fing das Licht wieder an zu leuchten. Ich hörte mir noch eine CD an und schlief endlich ein.
„Mama, Papa, ich muss euch etwas erzählen, was ich gestern Nacht erlebt habe", so begann ich am nächsten Morgen von diesem für mich so unheimlichen Vorfall zu berichten.

(aus einem Schüleraufsatz)

Auswertung:

Lesezeit 1: _____ Sekunden   Anzahl der **Lesefehler**: _____

Lesezeit 2: _____ Sekunden   Anzahl der **Lesefehler**: _____

Lies den folgenden Text zunächst leise von oben nach unten!
Schreibe ihn anschließend als durchgängigen Text auf die Linien
unten!

Durch	sofort	ich	Schweißperlen	um
ein	wie	mich	auf	Mitternacht
sonderbares	Espenlaub.	in	meiner	und
Knarren	Auf	einer	Stirn.	kann
wurde	einmal	verzwickten	Seitdem	auch
ich	erblickte	Lage	ich	diese
geweckt.	ich	befand.	mich	unheimliche
Ich	eine	Ich	einmal	Stille
hörte	Furcht	bekam	verirrt	nicht
plötzlich	erregende	eine	habe,	mehr
seltsame	Gestalt	Gänsehaut	fürchte	richtig
Geräusche	und	und	ich	ertragen.
und	erkannte,	spürte	den	Und
zitterte	dass	die	Spuk	du?

....

....

....

....

....

....

Werner Routil: Wochenportfolios für den Deutschunterricht mit Lerneffekt · 5. Klasse · Best.-Nr. 692

Lies den folgenden Text zunächst leise von oben nach unten!
Schreibe ihn anschließend als durchgängigen Text auf die Linien
unten!

Durch	sofort	ich	Schweißperlen	um
ein	wie	mich	auf	Mitternacht
sonderbares	Espenlaub.	in	meiner	und
Knarren	Auf	einer	Stirn.	kann
wurde	einmal	verzwickten	Seitdem	auch
ich	erblickte	Lage	ich	diese
geweckt.	ich	befand.	mich	unheimliche
Ich	eine	Ich	einmal	Stille
hörte	Furcht	bekam	verirrt	nicht
plötzlich	erregende	eine	habe,	mehr
seltsame	Gestalt	Gänsehaut	fürchte	richtig
Geräusche	und	und	ich	ertragen.
und	erkannte,	spürte	den	Und
zitterte	dass	die	Spuk	du?

Durch ein sonderbares Knarren wurde ich geweckt. Ich hörte

plötzlich seltsame Geräusche und zitterte sofort wie Espenlaub.

Auf einmal erblickte ich eine Furcht erregende Gestalt und erkannte,

dass ich mich in einer verzwickten Lage befand. Ich bekam eine

Gänsehaut und spürte die Schweißperlen auf meiner Stirn.

Seitdem ich mich einmal verirrt habe, fürchte ich den Spuk um Mitternacht

und kann auch diese unheimliche Stille nicht mehr richtig ertragen.

Und du?

 Lies dir die folgenden Zeilen zunächst leise und konzentriert durch!
Beantworte anschließend die Fragen zum Text!

Ein neuer Fall für Kommissar Rex

Der beherzte Polizist erschien plötzlich und völlig unerwartet. Zuvor hatte er seinen Schäferhund hinter einem großen Sessel versteckt. Sein Gegenüber war ein verrückter, von einer schrecklichen Idee besessener Arzt, dessen Vorhaben erst kürzlich entdeckt worden war.

Der Verbrecher erschrak, als er den Detektiv erblickte. Auf ein Zeichen seines Herrn stürzte der Vierbeiner aus seinem Versteck auf den Täter zu und riss ihn zu Boden. „Ihr teuflischer Plan ist nun endgültig geplatzt", triumphierte der pflichtbewusste Ermittler und verhaftete schließlich den Gauner.

 *Welche Bezeichnungen für den so erfolgreichen **Polizeibeamten** finden sich konkret in diesem kurzen Text? Schreibe sie in der Reihenfolge des Vorkommens in die Leerzeile!*

....

 *Welche Bezeichnungen für den so bekannten **TV-Hundekommissar** hast du nach genauem Hinschauen in diesem kurzen Text entdeckt? Schreibe sie in der Reihenfolge des Vorkommens in die Leerzeile!*

....

 *Welche Bezeichnungen für den gefassten **Gesetzesbrecher** wurden im vorliegenden Text verwendet? Schreibe sie in der Reihenfolge des Vorkommens in die Leerzeile!*

....

Werner Rouil: Wochenportfolios für den Deutschunterricht mit Lerneffekt · 5. Klasse · Best.-Nr. 692

 Lies dir die folgenden Zeilen zunächst leise und konzentriert durch!
Beantworte anschließend die Fragen zum Text!

Ein neuer Fall für Kommissar Rex

Der beherzte Polizist erschien plötzlich und völlig unerwartet. Zuvor hatte er seinen Schäferhund hinter einem großen Sessel versteckt. Sein Gegenüber war ein verrückter, von einer schrecklichen Idee besessener Arzt, dessen Vorhaben erst kürzlich entdeckt worden war.
Der Verbrecher erschrak, als er den Detektiv erblickte. Auf ein Zeichen seines Herrn stürzte der Vierbeiner aus seinem Versteck auf den Täter zu und riss ihn zu Boden. „Ihr teuflischer Plan ist nun endgültig geplatzt", triumphierte der pflichtbewusste Ermittler und verhaftete schließlich den Gauner.

 *Welche Bezeichnungen für den so erfolgreichen **Polizeibeamten** finden sich konkret in diesem kurzen Text? Schreibe sie in der Reihenfolge des Vorkommens in die Leerzeile!*

Polizist, Detektiv, Herrn, Ermittler
....

 *Welche Bezeichnungen für den so bekannten **TV-Hundekommissar** hast du nach genauem Hinschauen in diesem kurzen Text entdeckt? Schreibe sie in der Reihenfolge des Vorkommens in die Leerzeile!*

Kommissar Rex, Schäferhund, Vierbeiner
....

 *Welche Bezeichnungen für den gefassten **Gesetzesbrecher** wurden im vorliegenden Text verwendet? Schreibe sie in der Reihenfolge des Vorkommens in die Leerzeile!*

Gegenüber, Arzt, Verbrecher, Täter, Gauner
....

 Welches Nomen aus der darunter befindlichen Wörterbox ergibt das fehlende Bindeglied zwischen zwei zusammengesetzten Hauptwörtern? Notiere die richtigen Lösungen mit dem entsprechenden Artikel auf den Leerzeilen!

| **Schlauch   Fahrt   Wetter   Brett   Haus   Vogel** |

Musterbeispiel:

Taschen + **Buch** + Handlung
das Taschen**buch**, die **Buch**handlung

Setze jetzt eigenständig fort!

Garten + [   ] + Boot

……………………………………………

Baum + [   ] + Frau

…………………………………….

Regen + [   ] + Dienst

……………………………………………

Raub + [   ] + Käfig

…………………………………….

Fenster + [   ] + Spiel

…………………………………….

Schiff + [   ] + Wind

…………………………………….

Werner Routil: Wochenportfolios für den Deutschunterricht mit Lerneffekt · 5. Klasse · Best.-Nr. 692

Welches Nomen aus der darunter befindlichen Wörterbox ergibt das fehlende Bindeglied zwischen zwei zusammengesetzten Hauptwörtern? Notiere die richtigen Lösungen mit dem entsprechenden Artikel auf den Leerzeilen!

Schlauch Fahrt Wetter Brett Haus Vogel

Musterbeispiel:

Taschen + **Buch** + Handlung
das Taschen**buch**, die **Buch**handlung

Setze jetzt eigenständig fort!

Garten + **Schlauch** + Boot

der Garten**schlauch**; das **Schlauch**boot

Raub + **Vogel** + Käfig

der Raub**vogel**; der **Vogel**käfig

Baum + **Haus** + Frau

das Baum**haus**; die **Haus**frau

Fenster + **Brett** + Spiel

das Fenster**brett**; das **Brett**spiel

Regen + **Wetter** + Dienst

das Regen**wetter**; der **Wetter**dienst

Schiff + **Fahrt** + Wind

die Schiff**fahrt**; der **Fahrt**wind

Markiere zunächst in den sieben Wortreihen alle Wortbeispiele mit gleicher oder ähnlicher Bedeutung in derselben Farbe!

1. Reihe:	Teenager	kreischen	Entschluss	später
2. Reihe:	hochnäsig	stolz	Vorsatz	anschließend
3. Reihe:	entdecken	deswegen	darum	Plan
4. Reihe:	erblicken	brüllen	rufen	Heranwachsende
5. Reihe:	eingebildet	deshalb	hierauf	Pubertierende
6. Reihe:	erspähen	Vorhaben	daher	Jugendliche
7. Reihe:	erfassen	danach	schreien	überheblich

*Setze nun die jeweils fehlenden Wörter als **Wörterquartett** sinngemäß und geordnet unten ein! Achte darauf, dass kein Wort übrig bleibt oder zweimal vorkommt!*

1. Quartett:	Teenager	+			
2. Quartett:	hochnäsig	+			
3. Quartett:	entdecken	+			
4. Quartett:	kreischen	+			
5. Quartett:	Vorhaben	+			
6. Quartett:	daher	+			
7. Quartett:	später	+			

Werner Rautil: Wochenportfolios für den Deutschunterricht mit Lerneffekt · 5. Klasse · Best-Nr. 692

 Markiere zunächst in den sieben Wortreihen alle Wortbeispiele mit gleicher oder ähnlicher Bedeutung in derselben Farbe!

1. Reihe:	Teenager	kreischen	Entschluss	später
2. Reihe:	hochnäsig	stolz	Vorsatz	anschließend
3. Reihe:	entdecken	deswegen	darum	Plan
4. Reihe:	erblicken	brüllen	rufen	Heranwachsende
5. Reihe:	eingebildet	deshalb	hierauf	Pubertierende
6. Reihe:	erspähen	Vorhaben	daher	Jugendliche
7. Reihe:	erfassen	danach	schreien	überheblich

 *Setze nun die jeweils fehlenden Wörter als **Wörterquartett** sinngemäß und geordnet unten ein! Achte darauf, dass kein Wort übrig bleibt oder zweimal vorkommt!*

1. Quartett:	Teenager +	Pubertierende	Heranwachsende	Jugendliche
2. Quartett:	hochnäsig +	stolz	eingebildet	überheblich
3. Quartett:	entdecken +	erspähen	erblicken	erfassen
4. Quartett:	kreischen +	brüllen	rufen	schreien
5. Quartett:	Vorhaben +	Plan	Entschluss	Vorsatz
6. Quartett:	daher +	deshalb	deswegen	darum
7. Quartett:	später +	hierauf	anschließend	danach

© Brigg Pädagogik Verlag GmbH, Augsburg

Das Lesetrainingsprogramm

Denksport

*Lies dir anfangs alle Wörter der beiden **Wörtersäulen** aus dem Themenbereich „Sport" konzentriert und genau durch! Merke dir so viele Wörter wie möglich! Du hast fünf Minuten Zeit.*

Nomen		Verben

Nomen	Verben
BALL	HINAUFKLETTERN
BOOT	WEITERRADELN
BOGEN	WEGSPRINGEN
PFEIL	SCHLEUDERN
SPRINT	SCHWIMMEN
DISKUS	SPIELEN
TENNIS	PADDELN
SCHEIBE	GLEITEN
SCHLÄGER	FECHTEN
EISHOCKEY	LAUFEN
HOCHSPRUNG	REITEN
LEICHTATHLET	RUDERN
DRACHENFLIEGER	ÜBEN

Werner Rouil: Wochenportfolios für den Deutschunterricht mit Lerneffekt · 5. Klasse · Best.-Nr. 692

Du hast dir in den fünf Minuten sicherlich viele Wörter gemerkt. Notiere jetzt alle Nomen und Verben, die du noch weißt, in die jeweiligen Lösungszeilen! Dein Sitznachbar wird deine Arbeit überwachen und danach deine Wörterliste verbessern. Schwindeln ist natürlich nicht erlaubt! Ist doch Ehrensache, oder?

Nomen:

....

....

....

....

....

Verben:

....

....

....

....

....

Werner Rebl: Wochenportfolios für den Deutschunterricht mit Lerneffekt · 5. Klasse · Best.-Nr. 692

© Brigg Pädagogik Verlag GmbH, Augsburg

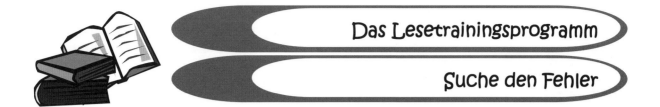

*Im folgenden Text haben sich **10 überflüssige Buchstaben** eingeschlichen.
Spüre sie auf und streiche sie durch!*

Ausflug in den Park

In der zweiten Unterrichtsstunden machten wir einen Schuleausflug in den Park.
Die Führung übernahm natürlich unserer Biologielehrerin. Zuvor hatten wir
verschiedenen Bäume und Sträucher im Unterrricht durchgenommen. Nun
wollten wir dieser in der Natur suchen und erkennen. Vielen Arten waren uns
bekannte. Einigen bunte Blätter lagen schon auf dem Boden. Wir nahmen sie
deshalb zur näheren Bestimmung in dies Klasse mit.

*Im folgenden Text wiederum **fehlen 10 Buchstaben**.
Ergänze sie direkt im Text!*

Tiere in Not

Es ist in der letzte Zeit ziemlich kalt geworden. Schnee und Eis bedecken
bereit die Erde. Für viel Tiere beginnt nun eine harte Zeit. Sie leiden unter
Hunger und Kälte und finden nich mehr genügend Futter. Oft kommen auch
sheue Tiere bis zu den Häuser der Menschen. Es werden Futterhäuchen für
die Vögel und Futterkippen für Rehe und Hirsche augestellt. Vergessen wir
nie, den armen Tieren in ihre Not zu helfen!

Werner Rauti: Wochenportfolios für den Deutschunterricht mit Lerneffekt · 5. Klasse · Best.-Nr. 692
© Bâce Pädagogik Verlag GmbH, Augsburg

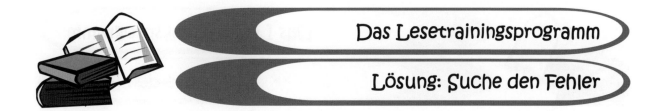

*Im folgenden Text haben sich **10 überflüssige Buchstaben** eingeschlichen. Spüre sie auf und streiche sie durch!*

Ausflug in den Park

In der zweiten Unterrichtsstunden machten wir einen Schuleausflug in den Park. Die Führung übernahm natürlich unseref Biologielehrerin. Zuvor hatten wir verschiedenen Bäume und Sträucher im Unterrricht durchgenommen. Nun wollten wir diesef in der Natur suchen und erkennen. Vielen Arten waren uns bekannte. Einigen bunte Blätter lagen schon auf dem Boden. Wir nahmen sie deshalb zur näheren Bestimmung in dies Klasse mit.

 *Im folgenden Text wiederum **fehlen 10 Buchstaben**. Ergänze sie direkt im Text!*

Tiere in Not

Es ist in der letzten Zeit ziemlich kalt geworden. Schnee und Eis bedecken bereits die Erde. Für viele Tiere beginnt nun eine harte Zeit. Sie leiden unter Hunger und Kälte und finden nicht mehr genügend Futter. Oft kommen auch scheue Tiere bis zu den Häusern der Menschen. Es werden Futterhäuschen für die Vögel und Futterkrippen für Rehe und Hirsche aufgestellt. Vergessen wir nie, den armen Tieren in ihrer Not zu helfen!

Werner Rodai: Wochenportfolios für den Deutschunterricht mit Lerneffekt · 5. Klasse · Best.-Nr. 692

© Brigg Pädagogik Verlag GmbH, Augsburg

 Im nächsten Text finden sich „Parallelzeilen". Stelle fest, welche Zeile jeweils fehlerlos ist, und kreuze diese an!

Superhenne Hanna

O Darf ich mich vorstellen? Mein Name ist Hanna, Superhenne Hanna.
O Darf ich mich vorstellen? Meine Name ist Hanna, Supehenne Hanna.

O Superhenne nennt man mich, weill ich alle Tiersprachen beherrsch.
O Superhenne nennt man mich, weil ich alle Tiersprachen beherrsche.

O Außerdem kann ich sehr gut wunderbarer Geschichte erzählen.
O Außerdem kann ich sehr gut wunderbare Geschichten erzählen.

O Als ich noch jung war, kam ich zu einer netten Zigeunerfamilie.
O Als ich noch jung war, kamm ich zu eine netten Zigeunefamilie.

O Später lernte ich eine Familie mit zwei hilfsbereiten Kindern kennen.
O Später lernte ich eine Familie mitt zwei hielfsbereiten Kinder kennen.

O Mit Sebastian und Theresa erlebten ich einige unvergesliche Abenteuer.
O Mit Sebastian und Theresa erlebte ich einige unvergessliche Abenteuer.

O Einen dieser aufregenden Vorfälle möchte ich dir jetzt erzählen.
O Einen dieser aufregenden Vorfälle möchten ich dir jetz erzählen.

O Ich musste nähmlich meine Artgenossen aus eine Legebaterie befreien.
O Ich musste nämlich meine Artgenossen aus einer Legebatterie befreien.

O Mit von der Partie war übrigens mein Freund, der Fuchs Bartholomäus.
O Mit von der Partei war übrigen mein Freund, der Fuchs Barrtholomäus.

(sinngemäß entnommen aus dem Jugendbuch „Superhenne Hanna" von Felix Mitterer, erschienen im Esslinger-Verlag, 2002)

Werner Routil: Wochenportfolios für den Deutschunterricht mit Lerneffekt · 5. Klasse · Best.-Nr. 692

 Im nächsten Text finden sich „Parallelzeilen". Stelle fest, welche Zeile jeweils fehlerlos ist, und kreuze diese an!

Superhenne Hanna

X   Darf ich mich vorstellen? Mein Name ist Hanna, Superhenne Hanna.

O   Darf ich mich vorstellen? Meine Name ist Hanna, Supehenne Hanna.

O   Superhenne nennt man mich, weill ich alle Tiersprachen beherrsch.

X   Superhenne nennt man mich, weil ich alle Tiersprachen beherrsche.

O   Außerdem kann ich sehr gut wunderbarer Geschichte erzählen.

X   Außerdem kann ich sehr gut wunderbare Geschichten erzählen.

X   Als ich noch jung war, kam ich zu einer netten Zigeunerfamilie.

O   Als ich noch jung war, kamm ich zu eine netten Zigeunefamilie.

X   Später lernte ich eine Familie mit zwei hilfsbereiten Kindern kennen.

O   Später lernte ich eine Familie mitt zwei hielfsbereiten Kinder kennen.

O   Mit Sebastian und Theresa erlebten ich einige unvergesliche Abenteuer.

X   Mit Sebastian und Theresa erlebte ich einige unvergessliche Abenteuer.

X   Einen dieser aufregenden Vorfälle möchte ich dir jetzt erzählen.

O   Einen dieser aufregenden Vorfälle möchten ich dir jetz erzählen.

O   Ich musste nähmlich meine Artgenossen aus eine Legebaterie befreien.

X   Ich musste nämlich meine Artgenossen aus einer Legebatterie befreien.

X   Mit von der Partie war übrigens mein Freund, der Fuchs Bartholomäus.

O   Mit von der Partei war übrigen mein Freund, der Fuchs Barrtholomäus.

(sinngemäß entnommen aus dem Jugendbuch „Superhenne Hanna" von Felix Mitterer, erschienen im Esslinger-Verlag, 2002)

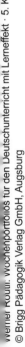

Werner Rouur: vvochenportfolios für den Deutschunterricht mit Lerneffekt · 5. Klasse · Best.-Nr. 692
© Brigg Pädagogik Verlag GmbH, Augsburg

Bestimme auf den kommenden zwei Seiten die jeweils zutreffende Textsorte durch Ankreuzen!

Text 1:

Max und Moritz sind zwei richtige Lausbuben, die mit ihren Streichen eine ganze Stadt in Aufregung versetzen. Jeder muss sie fürchten: der Schneidermeister genauso wie der Lehrer Lämpel. Ob sie nun die Brücke ansägen, den Mehltrog des Bäckers sprengen oder alle Hühner der bedauernswerten Witwe Bolte umbringen, sie schrecken vor nichts zurück!
Doch ungestraft werden sie letztlich nicht davonkommen!

O Witz   O Inhaltsangabe   O Sage   O Steckbrief   O Gedicht   O Rätsel

Text 2:

Was ist das?
Es ist größer als Gott,
es ist schlimmer als der Teufel,
und wenn man *es* isst, stirbt man!   Lösung: *Es* ist das „**NICHTS**".

O Witz   O Inhaltsangabe   O Sage   O Steckbrief   O Gedicht   O Rätsel

Text 3:

Astrid Lindgren ist wohl die berühmteste und beliebteste Kinderbuchautorin der Welt. Wie viele ihrer Kinderbücher weltweit verkauft wurden, kann eigentlich nur geschätzt werden. Fest steht, dass sie mit „Pippi Langstrumpf" ihren größten Erfolg landete. Dieses Buch wurde in insgesamt 57 Sprachen übersetzt.
Am 14. November 1907 wurde die Autorin in dem kleinen schwedischen Ort Näs geboren. Nach der Pflichtschule arbeitete sie zunächst als Sekretärin, ehe sie zum 10. Geburtstag ihrer Tochter „Pippi Langstrumpf" erfand.
Astrid Lindgren starb am 28. Januar 2002 in Stockholm.

O Witz   O Inhaltsangabe   O Sage   O Steckbrief   O Gedicht   O Rätsel

Werner Routil: Wochenportfolios für den Deutschunterricht mit Lerneffekt · 5. Klasse · Best.-Nr. 692
© Brigg Pädagogik Verlag GmbH, Augsburg

Bestimme auf den kommenden zwei Seiten die jeweils zutreffende Textsorte durch Ankreuzen!

Text 1:

Max und Moritz sind zwei richtige Lausbuben, die mit ihren Streichen eine ganze Stadt in Aufregung versetzen. Jeder muss sie fürchten: der Schneidermeister genauso wie der Lehrer Lämpel. Ob sie nun die Brücke ansägen, den Mehltrog des Bäckers sprengen oder alle Hühner der bedauernswerten Witwe Bolte umbringen, sie schrecken vor nichts zurück!
Doch ungestraft werden sie letztlich nicht davonkommen!

O Witz   **X Inhaltsangabe**   O Sage   O Steckbrief   O Gedicht   O Rätsel

Text 2:

Was ist das?
Es ist größer als Gott,
es ist schlimmer als der Teufel,
und wenn man *es* isst, stirbt man!　　　　Lösung: *Es* ist das „**NICHTS**".

O Witz   O Inhaltsangabe   O Sage   O Steckbrief   O Gedicht   **X Rätsel**

Text 3:

Astrid Lindgren ist wohl die berühmteste und beliebteste Kinderbuchautorin der Welt. Wie viele ihrer Kinderbücher weltweit verkauft wurden, kann eigentlich nur geschätzt werden. Fest steht, dass sie mit „Pippi Langstrumpf" ihren größten Erfolg landete. Dieses Buch wurde in insgesamt 57 Sprachen übersetzt.
Am 14. November 1907 wurde die Autorin in dem kleinen schwedischen Ort Näs geboren. Nach der Pflichtschule arbeitete sie zunächst als Sekretärin, ehe sie zum 10. Geburtstag ihrer Tochter „Pippi Langstrumpf" erfand.
Astrid Lindgren starb am 28. Januar 2002 in Stockholm.

O Witz   O Inhaltsangabe   O Sage   **X Steckbrief**   O Gedicht   O Rätsel

Text 4:

Georg kommt zufrieden aus der Schule und erzählt seiner Mutter aufgeregt: „Heute haben wir Sprengstoff hergestellt!" „Und was macht ihr morgen in der Schule?", möchte die Mutter nun wissen. „Welche Schule?"

O Witz   O Inhaltsangabe   O Sage   O Steckbrief   O Gedicht   O Rätsel

Text 5:

Mach die Augen auf,
komm auf vieles drauf!
Mach die Augen zu –
und du bist du!

(Wolf Harranth)

O Witz   O Inhaltsangabe   O Sage   O Steckbrief   O Gedicht   O Rätsel

Text 6:

Vor vielen Jahren war die alte Eiche im Park die Heimat von Feen. Diese Eiche war riesengroß, deshalb hatten auch alle ansässigen Feenwesen genügend Platz, um gemütlich darin zu wohnen.
Eines Tages jedoch beschloss ein neidischer Kobold, das Glück und die Zufriedenheit der Feengeschwister zu stören …

O Witz   O Inhaltsangabe   O Sage   O Steckbrief   O Gedicht   O Rätsel

Werner Rauti: Wochenportfolios für den Deutschunterricht mit Lerneffekt · 5. Klasse · Best.-Nr. 692

Text 4:

Georg kommt zufrieden aus der Schule und erzählt seiner Mutter aufgeregt: „Heute haben wir Sprengstoff hergestellt!" „Und was macht ihr morgen in der Schule?", möchte die Mutter nun wissen. „Welche Schule?"

X Witz   O Inhaltsangabe   O Sage   O Steckbrief   O Gedicht   O Rätsel

Text 5:

Mach die Augen auf,
komm auf vieles drauf!
Mach die Augen zu –
und du bist du!

(Wolf Harranth)

O Witz   O Inhaltsangabe   O Sage   O Steckbrief   **X Gedicht**   O Rätsel

Text 6:

Vor vielen Jahren war die alte Eiche im Park die Heimat von Feen. Diese Eiche war riesengroß, deshalb hatten auch alle ansässigen Feenwesen genügend Platz, um gemütlich darin zu wohnen.
Eines Tages jedoch beschloss ein neidischer Kobold, das Glück und die Zufriedenheit der Feengeschwister zu stören …

O Witz   O Inhaltsangabe   **X Sage**   O Steckbrief   O Gedicht   O Rätsel

 *Klebe hier den Text einer **Computerspiel-Beschreibung** (aus dem Internet) und den Text eines ausgeschnittenen **Tageszeitungsartikels** ein!*

Beispiel für eine **Computerspiel-Beschreibung**:

Beispiel für einen **Tageszeitungsartikel**:

Werner Routil: Wochenportfolios für den Deutschunterricht mit Lerneffekt · 5. Klasse · Best.-Nr. 692

Lerne eines der beiden Gedichte auswendig und trage es deinem Lehrer/deiner Lehrerin vor!

Hier findest du einige Kriterien, nach denen eine gerechte Bewertung deines Gedichtvortrags erfolgen könnte:

- nach Vollständigkeit und Sprachrichtigkeit
- nach Sinnerfassung und Sprachmelodie
- nach Lautstärke und Rhythmus
- nach Körpersprache und Gesamteindruck

Gedicht 1:

„Ich glaube, dann bin ich ein glückliches Kind"

Wenn am Montag die Welt voller Luftballons wär´,
blauen und gelben und roten...
und am Dienstag kämen zwei Löwen daher,
die reichten mir freundlich die Pfoten...
und am Mittwoch gäb´s keine Fabriken mehr
mit qualmenden, stinkenden Schloten...
und am Donnerstag gäb´s keine Tafeln mehr
mit den vielen Du-darfst-nicht-Verboten...
und am Freitag gäb´s keine Schule mehr,
keine Angst vor Prüfung und Noten...
und ab Samstag gäb´s keine Kriege mehr
mit Bomben und Trümmern und Toten...
dann... ja, was wäre denn dann?
Ich glaube, dann bin ich ein glückliches Kind.
Dann werf ich mein lustigstes Lied in den Wind,
der trägt es weit fort – und rund um die Welt –
mein lustiges Lied, das allen gefällt.

(Mira Lobe)

Gedicht 2:

„Ein Kind ist keine Maschine"

Ein Kind ist keine Maschine.
Ein Kind ist keine Maschine.
Es lässt sich nicht schalten,
auf halber Kraft halten.
Ein Kind ist keine Maschine.

Ein Kind ist keine Maschine.
Es hängt an keiner Turbine.
Es lacht von alleine,
streckt Arme und Beine.
Ein Kind ist keine Maschine.

Ein Kind ist keine Maschine.
Vielleicht spielt es gern Violine.
Vielleicht spielt es Fußball,
das bleibt stets ein Zufall.
Ein Kind ist keine Maschine.

Ein Kind ist keine Maschine.
Drum heißt es ja Tom oder Tine.
Es lässt sich nicht steuern,
blank blitzend scheuern.
Ein Kind ist keine Maschine.

Ein Kind ist keine Maschine.
Es macht ab und zu böse Miene.
Es schüttelt den Krauskopf,
es hat keinen Aus-Knopf.
Ein Kind ist keine Maschine.

Ein Kind ist keine Maschine.
Ein Kind ist keine Maschine.
Es lässt sich nicht lenken,
es will selber denken.
Ein Kind ist keine Maschine.

(Gerald Jatzek)

Werner Rautli · Wochenportfolios für den Deutschunterricht mit Lerneffekt · 5. Klasse · Best.-Nr. 692

Das hat mir besonders gut gefallen: ☺

○ Die Arbeitsanweisungen waren genau und verständlich formuliert.

○ Ich durfte mir meine Lernzeit und das Arbeitstempo selbst einteilen.

○ Beim Lösen der einzelnen Arbeitsaufgaben hatte ich keinerlei Probleme.

○ Mich motivierte die Art der Aufgabenstellungen sehr.

○ ....

Das hat mir mittelmäßig gefallen: ☺

○ Ich musste einige Male Lehrerhilfe in Anspruch nehmen.

○ Manche Aufgabenstellungen fand ich leicht, andere schwieriger.

○ Die Einteilung meines persönlichen Arbeitstempos klappte nur teilweise.

○ Das Ergebnis meiner Arbeit hing von der jeweiligen Tagesverfassung ab.

○ ....

Das hat mir überhaupt nicht gefallen: ☹

○ Ich hatte große Schwierigkeiten, mit der Arbeit rechtzeitig fertig zu werden.

○ Ich verstand den Inhalt einiger Arbeitsanweisungen nicht.

○ Die meisten Aufgabenstellungen überforderten mich.

○ Ich musste ständig meinen Lehrer/meine Lehrerin um Auskunft bitten.

○ ....

Unterschrift des Schülers/der Schülerin: ....

Wortspielereien und Sprachbasteleien

Lernzielkatalog

Die Schüler/-innen sollen

1. die inhaltliche Bedeutung exemplarisch ausgewählter Metaphern umschreiben und erklären;

2. ausdrucksstarke Verben aus den Wortfeldern „sagen", „gehen", „sehen" und „essen" in der korrekten Zeitform in einem Lückentext sinngemäß einsetzen;

3. andere Ausdrücke für das Adjektiv „schön" in einem Buchstabenrätsel finden und in adäquaten Wortgruppen verwenden;

4. Wortbeispiele aus den Wortfamilien „beißen", „lassen", „lesen" und „reißen" orthografisch korrekt ergänzen bzw. aufschreiben;

5. einzelne Wortbestandteile für zusammengesetzte Nomen richtig zusammenfügen;

6. vorgegebene „lustige" Erklärungssätze zu zusammengesetzten Nomen inhaltlich vervollständigen.

In unserem täglichen Sprachgebrauch verwenden wir immer wieder bildhafte Redewendungen.
Kreuze die deiner Meinung nach zutreffende inhaltliche Bedeutung der folgenden vier Redewendungen an!

den Kopf in den Sand stecken

bedeutet

O angestrengt nachdenken
O sich vor einem Problem verstecken
O jemanden beschuldigen

jemanden an der Nase herumführen

bedeutet

O jemanden in die Irre führen
O sich sehr fürchten
O jemanden gefangennehmen

mit jemandem ein Hühnchen rupfen

bedeutet

O mit jemandem streiten
O eigenwillig sein
O eine Problemlösung finden

jemanden in die Zange nehmen

bedeutet

O sich sehr eigenartig verhalten
O besonders beleidigt sein
O jemanden peinlich genau befragen

Werner Routil: Wochenportfolios für den Deutschunterricht mit Lerneffekt · 5. Klasse · Best.-Nr. 692

In unserem täglichen Sprachgebrauch verwenden wir immer wieder bildhafte Redewendungen.
Kreuze die deiner Meinung nach zutreffende inhaltliche Bedeutung der folgenden vier Redewendungen an!

den Kopf in den Sand stecken

bedeutet

O angestrengt nachdenken
X sich vor einem Problem verstecken
O jemanden beschuldigen

jemanden an der Nase herumführen

bedeutet

X jemanden in die Irre führen
O sich sehr fürchten
O jemenden gefangennehmen

mit jemandem ein Hühnchen rupfen

bedeutet

X mit jemandem streiten
O eigenwillig sein
O eine Problemlösung finden

jemanden in die Zange nehmen

bedeutet

O sich sehr eigenartig verhalten
O besonders beleidigt sein
X jemanden peinlich genau befragen

 Welche in der folgenden Wörterbox vorkommenden Verben – alle im Präteritum stehend – passen in welche Textlücke? Verwende jedes Wort nur einmal und beachte auch die Anzahl der Punkte!

plauderten, fragte, vermutete, seufzte, schlug vor, rief an, meinte, bemerkte, wunderte sich, brummte, scherzte, antwortete, berichtete, erwähnte, ergänzte

Kommissar Kugelblitz in Australien

Professor Patterson war Vogelexperte und Leiter einer berühmten Forschungs-station. „Die Diebe der Kiwis müssen sich sehr gut ausgekannt haben", ... der fassungslose Mann. „Kann es sein, dass einer Ihrer Mitarbeiter mit den Tätern unter einer Decke steckt?", ... Kugelblitz. „Das kann ich mir nicht vorstellen", ... der Angesprochene. Danach . . . . Patterson vom Diebstahl und . . . . dabei jede ihm bekannte Einzelheit. „Sehen wir uns einmal genauer um!", ... der Kommissar . . . . .

An einer feuchten Stelle des Straßengrabens fanden sie einige Fußabdrücke. „Die Schuhe haben ja kein Profil", ... Kugelblitz, „das scheinen Bootsschuhe zu sein." „Ihre Vermutung wird wohl stimmen", ... der Professor. „Und hier haben sie mit dem Auto geparkt", ... der schlaue Ermittler.

Werner Rout!: Wochenportfolios für den Deutschunterricht mit Lerneffekt · 5. Klasse · Best.-Nr. 692

Welche in der folgenden Wörterbox vorkommenden Verben – alle im Präteritum stehend – passen in welche Textlücke? Verwende jedes Wort nur einmal und beachte auch die Anzahl der Punkte!

---

plauderten, fragte, vermutete, seufzte, schlug vor, rief an, meinte, bemerkte, wunderte sich, brummte, scherzte, antwortete, berichtete, erwähnte, ergänzte

---

Kommissar Kugelblitz in Australien

Professor Patterson war Vogelexperte und Leiter einer berühmten Forschungsstation. „Die Diebe der Kiwis müssen sich sehr gut ausgekannt haben", **meinte** der fassungslose Mann. „Kann es sein, dass einer Ihrer Mitarbeiter mit den Tätern unter einer Decke steckt?", **fragte** Kugelblitz. „Das kann ich mir nicht vorstellen", **antwortete** der Angesprochene. Danach **berichtete** Patterson vom Diebstahl und **erwähnte** dabei jede ihm bekannte Einzelheit. „Sehen wir uns einmal genauer um!", **schlug** der Kommissar **vor**.

An einer feuchten Stelle des Straßengrabens fanden sie einige Fußabdrücke. „Die Schuhe haben ja kein Profil", **wunderte sich** Kugelblitz, „das scheinen Bootsschuhe zu sein." „Ihre Vermutung wird wohl stimmen", **seufzte** der Professor. „Und hier haben sie mit dem Auto geparkt", **bemerkte** der schlaue Ermittler.

„Wahrscheinlich haben sie bei ihrer Flucht auch ein Boot benutzt",

. . . . Patterson. „Leuchtet mir irgendwie ein, denn nur mit einem Boot

konnten die Räuber die kostbaren Tiere leicht außer Landes bringen",

. . . . Kugelblitz. Anschließend . . . . er etwas Unverständliches

in seinen Bart und . . . . seinen australischen Kollegen, Inspektor Tütü, . . .

Die beiden Männer . . . . am Telefon eine Zeit lang miteinander, ehe

Kugelblitz . . . . : „Wir werden diese frechen Diebe schon finden.

Notfalls setzen wir einen Lockvogel ein, schließlich bin ich ein erfolgreicher

Kriminalkommissar."

Gratuliere, du hast die richtigen Lösungen gefunden!
Unterstreiche zuletzt alle Textstellen, die eine wörtliche Rede
darstellen!

Werner Routi: Wochenportfolios für den Deutschunterricht mit Lerneffekt · 5. Klasse · Best.-Nr. 692

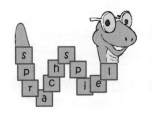
„Wahrscheinlich haben sie bei ihrer Flucht auch ein Boot benutzt", **vermutete** Patterson. „Leuchtet mir irgendwie ein, denn nur mit einem Boot konnten die Räuber die kostbaren Tiere leicht außer Landes bringen", **ergänzte** Kugelblitz. Anschließend **brummte** er etwas Unverständliches in seinen Bart und **rief** seinen australischen Kollegen, Inspektor Tütü, **an**. Die beiden Männer **plauderten** am Telefon eine Zeit lang miteinander, ehe Kugelblitz **scherzte**: „Wir werden diese frechen Diebe schon finden. Notfalls setzen wir einen Lockvogel ein, schließlich bin ich ein erfolgreicher Kriminalkommissar."

Gratuliere, du hast die richtigen Lösungen gefunden!
Unterstreiche zuletzt alle Textstellen, die eine wörtliche Rede
darstellen!

Werner Kröutl: Wochenportfolios für den Deutschunterricht mit Lerneffekt · 5. Klasse · Best.-Nr. 692
© Brigg Pädagogik Verlag GmbH, Augsburg

Wortspielereien und Sprachbasteleien

Wortfeld „gehen"

 Welche in der folgenden Wörterbox vorkommenden Verben – alle im Präsens stehend – passen zu welchem Satz? Verwende jedes Wort nur einmal und beachte die Anzahl der Punkte!

schleicht, klettern, marschieren, hetzt, bummelt, beeilt, begibt, stolpert, besucht, humpelt, überquert, trotten, spazieren, stolziert, verlässt, läuft

In der Stadt

1. Die Bankangestellte . . . . . . sich rechtzeitig zur Bushaltestelle.

2. Zwei ältere Damen . . . . gemeinsam über den Zebrastreifen.

3. Vier Soldaten in Uniform . . . . geradewegs Richtung Kaserne.

4. Ein gestresst wirkender Geschäftsmann . . . . . zum nächsten Termin,

. . . . dabei die Kreuzung und . . . . über einen Randstein.

5. Die elfjährige Andrea . . . . täglich ihre Mutter im Krankenhaus.

6. Zwei Maurer . . . . in diesem Augenblick aufs Baugerüst.

7. Eine Mutter . . . . mit ihrem Kind soeben das Postgebäude.

8. Herr Huber . . . . . . sich, er möchte die Straßenbahn erreichen.

9. Eine Gruppe von Touristen . . . . gut gelaunt durch die Innenstadt.

10. Die Schauspielerin . . . . durch die staunende Menschenmenge.

11. Warum . . . . . denn dieser unbekannte Mann davon?

12. Im Park . . . . Pensionisten; manche von ihnen füttern die Tauben.

13. Eine weiße Katze . . . . vorsichtig um die Ecke des Wohnblocks.

14. Der verletzte Schäferhund . . . . langsam seinem Frauchen hinterher.

Werner Routil: Wochenportfolios für den Deutschunterricht mit Lerneffekt · 5. Klasse · Best.-Nr. 692
© Brigg Pädagogik Verlag GmbH Augsburg

 Welche in der folgenden Wörterbox vorkommenden Verben – alle im Präsens stehend – passen zu welchem Satz? Verwende jedes Wort nur einmal und beachte die Anzahl der Punkte!

---

schleicht, klettern, marschieren, hetzt, bummelt, beeilt, begibt, stolpert, besucht, humpelt, überquert, trotten, spazieren, stolziert, verlässt, läuft

---

In der Stadt

1. Die Bankangestellte **begibt** sich rechtzeitig zur Bushaltestelle.

2. Zwei ältere Damen **trotten** gemeinsam über den Zebrastreifen.

3. Vier Soldaten in Uniform **marschieren** geradewegs Richtung Kaserne.

4. Ein gestresst wirkender Geschäftsmann **hetzt** zum nächsten Termin, **überquert** dabei die Kreuzung und **stolpert** über einen Randstein.

5. Die elfjährige Andrea **besucht** täglich ihre Mutter im Krankenhaus.

6. Zwei Maurer **klettern** in diesem Augenblick aufs Baugerüst.

7. Eine Mutter **verlässt** mit ihrem Kind soeben das Postgebäude.

8. Herr Huber **beeilt** sich, er möchte die Straßenbahn erreichen.

9. Eine Gruppe von Touristen **bummelt** gut gelaunt durch die Innenstadt.

10. Die Schauspielerin **stolziert** durch die staunende Menschenmenge.

11. Warum **läuft** denn dieser unbekannte Mann davon?

12. Im Park **spazieren** Pensionisten; manche von ihnen füttern die Tauben.

13. Eine weiße Katze **schleicht** vorsichtig um die Ecke des Wohnblocks.

14. Der verletzte Schäferhund **humpelt** langsam seinem Frauchen hinterher.

 Welche in der folgenden Wörterbox vorkommenden Verben passen in welche Textlücke? Verwende jedes Wort nur einmal und beachte die Anzahl der Punkte!

---

blickte zurück, schielte, wurden beobachtet, bestaunten, erkunden, guckt, bemerkte, erspähte, blinzelte zu, bewunderten, besichtigte, behielt im Auge, betrachtete, angestarrt

---

Im Museum

Das Geschwisterpaar Irmgard und Heinz .... vergangenes Wochenende ein Museum für Urgeschichte. Die beiden Kinder .... und .... vor allem die Skelette verschiedener Dinosaurierarten. Dabei ...... die jugendlichen Besucher von einem streng aussehenden Museumswärter aufmerksam ....; er .... stets .. ...., was sie taten. Als das Mädchen ...., dass sie dauernd .... wurden, ... sie zu ihrem Bruder rüber. Der hatte allerdings noch nichts davon mitbekommen. „Warum ..... denn der ständig so?", dachte Irmgard bei sich. Schließlich beschloss die Neunjährige, einfach die Ausstellungsstücke im nächsten Raum zu .... Schon von Weitem .... sie das Modell eines Fundorts von Dinosauriereiern. Neugierig geworden .... sie die nachgestellte Szene genauer. Kurz darauf stand auch schon Heinz neben ihr. Aufmunternd .... er seiner jüngeren Schwester ..; sie wiederum .... freundlich ....

Die Welt war für sie jetzt wieder in Ordnung!

Werner Rauti: Wochenportfolios für den Deutschunterricht mit Lerneffekt · 5. Klasse · Best.-Nr. 692

 Welche in der folgenden Wörterbox vorkommenden Verben passen in welche Textlücke? Verwende jedes Wort nur einmal und beachte die Anzahl der Punkte!

blickte zurück, schielte, wurden beobachtet, bestaunten, erkunden, guckt, bemerkte, erspähte, blinzelte zu, bewunderten, besichtigte, behielt im Auge, betrachtete, angestarrt

Im Museum

Das Geschwisterpaar Irmgard und Heinz **besichtigte** vergangenes Wochenende ein Museum für Urgeschichte. Die beiden Kinder **bewunderten** und **bestaunten** vor allem die Skelette verschiedener Dinosaurierarten. Dabei **wurden** die jugendlichen Besucher von einem streng aussehenden Museumswärter aufmerksam **beobachtet**; er **behielt** stets **im Auge**, was sie taten. Als das Mädchen **bemerkte**, dass sie dauernd **angestarrt** wurden, **schielte** sie zu ihrem Bruder rüber. Der hatte allerdings noch nichts davon mitbekommen. „Warum **guckt** denn der ständig so?", dachte Irmgard bei sich. Schließlich beschloss die Neunjährige, einfach die Ausstellungsstücke im nächsten Raum zu **erkunden**. Schon von Weitem **erspähte** sie das Modell eines Fundorts von Dinosauriereiern. Neugierig geworden **betrachtete** sie die nachgestellte Szene genauer. Kurz darauf stand auch schon Heinz neben ihr. Aufmunternd **blinzelte** er seiner jüngeren Schwester **zu**; sie wiederum **blickte** freundlich **zurück**. Die Welt war für sie jetzt wieder in Ordnung!

 Welches der folgenden Zeitwörter passt zu welchem Satz? Setze die Verben im Präsens ein! Achtung, manche der Verben musst du zweimal verwenden!

---

kosten, beißen, probieren, schlucken, zu sich nehmen, verschlingen, genießen, schlürfen, verzehren

---

O In der Konditorei . . . . die Rentnerin ihre Lieblingstorte.

O Der Obdachlose . . . . dankbar die warme Suppe.

O Gorans Großvater . . . . vorsichtig vom grünen Salat.

O „. . . . einfach einmal kräftig von der Wurstsemmel ab!", schlägt Eva vor.

O „Was . . . . . . dieses bunte Sommerkleid?", wollte die Sekretärin wissen.

O Die Wanderer . . . . den prächtigen Ausblick auf das Burggelände.

O Sein Frühstück . . . . . der Angestellte immer im Stehen . . . .

O Keine Sorge, Johannes . . . . . sich im Leben sicher durch!

O In diesem Restaurant . . . . das Ehepaar Müller das 3-Gänge-Menü.

O Aus Heißhunger . . . . Anna gleich zwei Pizzaschnitten.

O „. . . . . . . die Pille einfach schnell runter!", meint der Arzt zu Sheriban.

O Warum . . . . . unsere Nachbarin dieses fremde Kind eigentlich . . . . ?

O Vor dem Servieren . . . . . . der Chefkoch regelmäßig die Hauptspeise.

❌ *Welche Sätze haben inhaltlich überhaupt nichts mit dem Wortfeld „essen" zu tun? Kreuze diese an!*

Werner Routil: Wochenportfolios für den Deutschunterricht mit Lerneffekt · 5. Klasse · Best.-Nr. 692

Wortspielereien und Sprachbasteleien

Lösung: Wortfeld „essen"

 Welches der folgenden Zeitwörter passt zu welchem Satz? Setze die Verben im Präsens ein! Achtung, manche der Verben musst du zweimal verwenden!

---

kosten, beißen, probieren, schlucken, zu sich nehmen, verschlingen, genießen, schlürfen, verzehren

---

O In der Konditorei **verzehrt** die Rentnerin ihre Lieblingstorte.

O Der Obdachlose **schlürft** dankbar die warme Suppe.

O Gorans Großvater **probiert** vorsichtig vom grünen Salat.

O „**Beiß** einfach einmal kräftig von der Wurstsemmel ab!", schlägt Eva vor.

X „Was **kostet** dieses bunte Sommerkleid?", wollte die Sekretärin wissen.

X Die Wanderer **genießen** den prächtigen Ausblick auf das Burggelände.

O Sein Frühstück **nimmt** der Angestellte immer im Stehen **zu sich**.

X Keine Sorge, Johannes **beißt** sich im Leben sicher durch!

O In diesem Restaurant **genießt** das Ehepaar Müller das 3-Gänge-Menü.

O Aus Heißhunger **verschlingt** Anna gleich zwei Pizzaschnitten.

O „**Schluck** die Pille einfach schnell runter!", meint der Arzt zu Sheriban.

X Warum **nimmt** unsere Nachbarin dieses fremde Kind eigentlich **zu sich**?

O Vor dem Servieren **kostet** der Chefkoch regelmäßig die Hauptspeise.

 Welche Sätze haben inhaltlich überhaupt nichts mit dem Wortfeld „essen" zu tun? Kreuze diese an!

Markiere mit einem Buntstift waagerecht oder senkrecht alle 12 im Buchstabenrätsel versteckten Eigenschaftswörter, die man für „schön" einsetzen könnte!

B	R	I	E	F	T	R	Ä	G	E	R	I	N	T	O	L	L	N	I	E
A	B	W	E	C	H	S	E	L	N	D	X	U	O	B	U	S	S	E	I
N	E	I	D	H	Ü	B	S	C	H	C	E	N	T	Z	W	E	I	E	N
K	A	N	U	E	Y	I	O	B	E	N	A	M	E	S	S	E	R	B	H
E	B	S	R	M	C	S	N	V	L	A	N	E	N	P	O	S	T	U	E
N	E	E	S	I	N	S	N	T	I	C	G	H	M	O	D	E	R	N	I
U	R	L	T	E	O	M	I	R	E	H	E	R	A	R	A	L	Q	T	T
P	R	Ä	C	H	T	I	G	X	B	T	N	O	H	T	W	I	E	N	S
P	R	A	G	S	E	H	E	N	L	U	E	M	L	L	A	N	D	X	B
I	L	A	N	S	E	H	N	L	I	C	H	B	R	I	S	E	B	A	R
R	Ä	C	H	E	N	I	E	A	C	H	M	A	I	C	S	E	E	L	E
I	L	T	I	S	E	H	R	L	H	I	L	F	E	H	E	N	R	T	I
S	E	L	T	E	N	H	E	I	T	S	W	E	R	T	R	I	N	O	L
S	B	E	R	L	I	N	Ä	S	S	E	S	P	A	N	N	E	N	D	C
X	W	U	N	D	E	R	B	A	R	Y	X	A	V	E	R	M	I	C	H

Ergänze nun mit den 12 gefundenen Adjektiven die folgenden Wortgruppen!

Das .... Gebäude,   eine .... Landschaft,

das .... Konzert,   das .... Kleid,

die .... Brille,   eine .... Geschichte,

eine .... Geldsumme,   ein .... Bild,

ein .... Augenblick,   die .... Figur,

der .... Tag,   eine .... Umgebung

Experten suchen und markieren darüber hinaus im Buchstabenrätsel die Hauptstädte der folgenden Länder.

Österreich: ....   Italien: ....   Deutschland: ....

Schweiz: ....   Tschechien: ....

Werner Routil: Wochenportfolios für den Deutschunterricht mit Lerneffekt · 5. Klasse · Best.-Nr. 692

Markiere mit einem Buntstift waagerecht oder senkrecht alle 12 im Buchstabenrätsel versteckten Eigenschaftswörter, die man für „schön" einsetzen könnte!

B	R	I	E	F	T	R	Ä	G	E	R	I	N	T	O	L	L	N	I	E
A	B	W	E	C	H	S	E	L	N	D	X	U	O	B	U	S	S	E	I
N	E	I	D	H	Ü	B	S	C	H	C	E	N	T	Z	W	E	I	E	N
K	A	N	U	E	Y	I	O	B	E	N	A	M	E	S	S	E	R	B	H
E	B	S	R	M	C	S	N	V	L	A	N	E	N	P	O	S	T	U	E
N	E	E	S	I	N	S	N	T	I	C	G	H	M	O	D	E	R	N	I
U	R	L	T	E	O	M	I	R	E	H	E	R	A	R	A	L	Q	T	T
P	R	Ä	C	H	T	I	G	X	B	T	N	O	H	T	W	I	E	N	S
P	R	A	G	S	E	H	E	N	L	U	E	M	L	L	A	N	D	X	B
I	L	A	N	S	E	H	N	L	I	C	H	B	R	I	S	E	B	A	R
R	Ä	C	H	E	N	I	E	A	C	H	M	A	I	C	S	E	E	L	E
I	L	T	I	S	E	H	R	L	H	I	L	F	E	H	E	N	R	T	I
S	E	L	T	E	N	H	E	I	T	S	W	E	R	T	R	I	N	O	L
S	B	E	R	L	I	N	Ä	S	S	E	S	P	A	N	N	E	N	D	C
X	W	U	N	D	E	R	B	A	R	Y	X	A	V	E	R	M	I	C	H

Ergänze nun mit den 12 gefundenen Adjektiven die folgenden Wortgruppen!

Das **prächtige** Gebäude,

das **tolle** Konzert,

die **moderne** Brille,

eine **ansehnliche** Geldsumme,

ein **wunderbarer** Augenblick,

der **sonnige** Tag,

eine **liebliche** Landschaft,

das **hübsche** Kleid,

eine **spannende** Geschichte,

ein **buntes** Bild,

die **sportliche** Figur,

eine **angenehme** Umgebung

Experten suchen und markieren darüber hinaus im Buchstabenrätsel die Hauptstädte der folgenden Länder.

Österreich: **Wien**   Italien: **Rom**   Deutschland: **Berlin**

Schweiz: **Bern**   Tschechien: **Prag**

Wortspielereien und Sprachbasteleien

Wörter bilden

Vervollständige in jeder Zeile das gesuchte Wort aus der Wortfamilie „lassen" oder aus der Wortfamilie „reißen"!

		E	n	t	l	a	s	s		g		
			r	e		ß	f		t			
				R		s	s					
d	u	r	c	h	l	ä			i	g		
	V	e	r	l		s	s			k	e	i	t
				n	t	r	e	i		e	n	
		z	e		r	e	i					
		l		s		i	g					
R	e	i		v	e	r	s	c	h	u		s
			r	i			i	g				
	z	u		a	s		e	n				
			e	i		a	u	s				
		e		l	a		s		n			
			r	e		ß		r		s	c	h
	E	r		a		s						
				g		l		s	s			

Ergänze nun sinngemäß folgende Sätze mit einigen dieser Wörter!

Das hat mir noch gefehlt, der ……………… klemmt!

Die Handlung des neuen Films ist wirklich ………………, kein Besucher

wird vorzeitig den Kinosaal ……………… oder ……………… nehmen.

Ihre ……………… hat die Hilfsarbeiterin vor einer ………………

bewahrt. Die ……………… an der Hausmauer verdeutlichen die Stärke des

Erdbebens. Der Gauner griff ……………… in seinen Hosensack und

holte eine Banknote heraus.

Werner Routil: Wochenportfolios für den Deutschunterricht mit Lerneffekt · 5. Klasse · Best.-Nr. 692

 Vervollständige in jeder Zeile das gesuchte Wort aus der Wortfamilie „lassen" oder aus der Wortfamilie „reißen"!

		E	n	t	l	a	s	s	u	n	g			
			r	e	i	ß	f	e	s	t				
				R	i	s	s	e						
d	u	r	c	h	l	ä	s	s	i	g				
	V	e	r	l	ä	s	s	l	i	c	h	k	e	i	t
			e	n	t	r	e	i	ß	e	n			
		z	e	r	r	e	i	ß	e	n				
		l	ä	s	s	i	g							
R	e	i	ß	v	e	r	s	c	h	l	u	s	s	
			r	i	s	s	i	g						
	z	u	l	a	s	s	e	n						
		R	e	i	ß	a	u	s						
		v	e	r	l	a	s	s	e	n				
		r	e	i	ß	e	r	i	s	c	h			
	E	r	l	a	s	s								
			g	e	l	a	s	s	e	n				

 Ergänze nun sinngemäß folgende Sätze mit einigen dieser Wörter!

Das hat mir noch gefehlt, der **Reißverschluss** klemmt!

Die Handlung des neuen Films ist wirklich **reißerisch**, kein Besucher

wird vorzeitig den Kinosaal **verlassen** oder **Reißaus** nehmen.

Ihre **Verlässlichkeit** hat die Hilfsarbeiterin vor einer **Entlassung**

bewahrt. Die **Risse** an der Hausmauer verdeutlichen die Stärke des

Erdbebens. Der Gauner griff **lässig (gelassen)** in seinen Hosensack und

holte eine Banknote heraus.

 Markiere mit einem Buntstift alle 18 in diesem Buchstabenrätsel waagerecht oder senkrecht versteckten Wortbeispiele aus den Wortfamilien „lesen" und „reisen"!

L	E	S	E	F	R	E	U	D	I	G			L	I	N	E	A	L	R
W	E	I	N	D	U	R	C	H	R	E	I	S	E	N			N	I	E
	U	N	L	E	S	E	R	L	I	C	H		S	Ü	L	A	P	S	I
		N	A	H	T	I	E	R	V	O	R	L	E	S	E	N	R	T	S
A	L	S		S	Ü	S	S	E	N			O	Z	S	S	R	O	I	E
R	E	I	S	E	F	E	R	T	I	G		T	E	E	E	E	B	G	L
R	S	E	T	E		P	A	P	A	M	A	R	I	A	B	I	I		U
E	E	G	A	L		A	R	B	E	I	T	E	C	M	U	S	E	I	S
I	N		R	E	I	S	E	B	Ü	R	O	I	H	I	C	E	R	A	T
S	S	E	K	T		S	K	Ä	L	T	E	S	E	R	H	N	E	B	I
E	W	O	R	T	V	E	R	R	E	I	S	E	N	B	E	I	N	L	G
Z	E	L	T	L	A	G	E	R	B	U	B	B	Ä	L	L	E		E	I
I	R	R	T	U	M	L	E	S	E	F	A	U	L		T	A	S	S	E
E	T	W	A	S	S	E	R	I	R	E	I	S	E	L	E	I	T	E	R
L	E	S	E	R	A	T	T	E		S	P	A	Z	I	E	R	E	N	

 Schreibe jetzt alle gefundenen Wörter in die entsprechende Spalte! Beachte dabei die Groß- und Kleinschreibung!

Wortfamilie „lesen"	**Wortfamilie „reisen"**
....	....
....	....
....	....
....	....
....	....

Werner Routil: Wochenportfolios für den Deutschunterricht mit Lerneffekt · 5. Klasse · Best.-Nr. 692

 Markiere mit einem Buntstift alle 18 in diesem Buchstabenrätsel waagerecht oder senkrecht versteckten Wortbeispiele aus den Wortfamilien „lesen" und „reisen"!

L	E	S	E	F	R	E	U	D	I	G			L	I	N	E	A	L	R
W	E	I	N	D	U	R	C	H	R	E	I	S	E	N		N	I	E	
	U	N	L	E	S	E	R	L	I	C	H		S	Ü	L	A	P	S	I
	N	A	H	T	I	E	R	V	O	R	L	E	S	E	N	R	T	S	
A	L	S		S	Ü	S	S	E	N		O	Z	S	S	R	O	I	E	
R	E	I	S	E	F	E	R	T	I	G		T	E	E	E	E	B	G	L
R	S	E	T	E		P	A	P	A	M	A	R	I	A	B	I	I		U
E	E	G	A	L		A	R	B	E	I	T	E	C	M	U	S	E	I	S
I	N		R	E	I	S	E	B	Ü	R	O	I	H	I	C	E	R	A	T
S	S	E	K	T		S	K	Ä	L	T	E	S	E	R	H	N	E	B	I
E	W	O	R	T	V	E	R	R	E	I	S	E	N	B	E	I	N	L	G
Z	E	L	T	L	A	G	E	R	B	U	B	B	Ä	L	L	E		E	I
I	R	R	T	U	M	L	E	S	E	F	A	U	L		T	A	S	S	E
E	T	W	A	S	S	E	R	I	R	E	I	S	E	L	E	I	T	E	R
L	E	S	E	R	A	T	T	E		S	P	A	Z	I	E	R	E	N	

Schreibe jetzt alle gefundenen Wörter in die entsprechende Spalte! Beachte dabei die Groß- und Kleinschreibung!

Wortfamilie „lesen"	**Wortfamilie „reisen"**
Nomen: Leseratte, Lesebuch, Lesezeichen	Nomen: Reisebüro, Reiseziel, Reisepass, Reiseleiter
Verb: vorlesen, ablesen	Verb: durchreisen, verreisen, anreisen
Adjektiv: lesefreudig, unleserlich, lesefaul, lesenswert	Adjektiv: reisefertig, reiselustig

 Oje, hier sind alle Substantive falsch zusammengesetzt worden! Findest du die richtige Lösung für dieses Wörterdomino? Es ist sehr schwierig, aber mit einiger Geduld und Konzentration schaffst du es!

Handschiff – Bautaschen – Strichberg – Schirmbad – Herrenbau – Bergschiff –

Bruchraum – Werkhaus – Hallentaschen – Uhrstrich – Herrenwerk – Bruchuhr –

Schirmregen – Raumhallen – Hausregen – Kunstkunst

*Beginne mit **Handtaschen** und ende mit **Hallenbad**!*

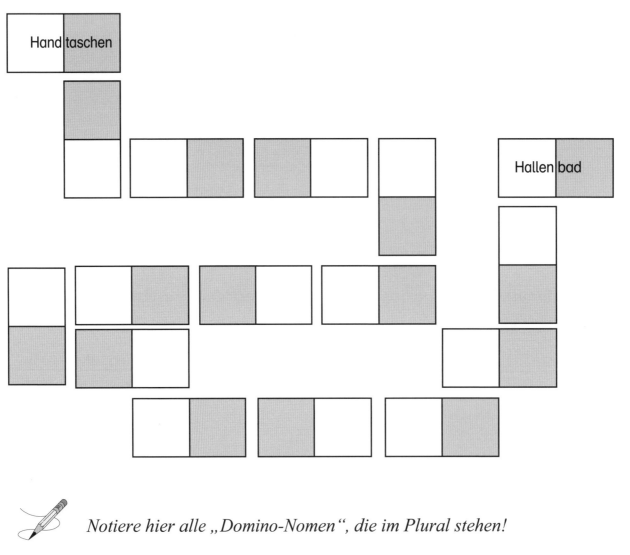

Notiere hier alle „Domino-Nomen", die im Plural stehen!

....

Werner Routil: Wochenportfolios für den Deutschunterricht mit Lerneffekt · 5. Klasse · Best.-Nr. 692

*Oje, hier sind alle Substantive falsch zusammengesetzt worden!
Findest du die richtige Lösung für dieses Wörterdomino? Es ist sehr
schwierig, aber mit einiger Geduld und Konzentration schaffst du es!*

Handtaschen – Baukunst – Strichregen – Schirmherren – Herrenhaus – Bergbau –

Bruchstrich – Werkraum – Hallenbad – Uhrwerk – Schiffbruch – Taschenuhr –

Regenschirm – Raumschiff – Hausberg – Kunsthallen

*Beginne mit **Handtaschen** und ende mit **Hallenbad**!*

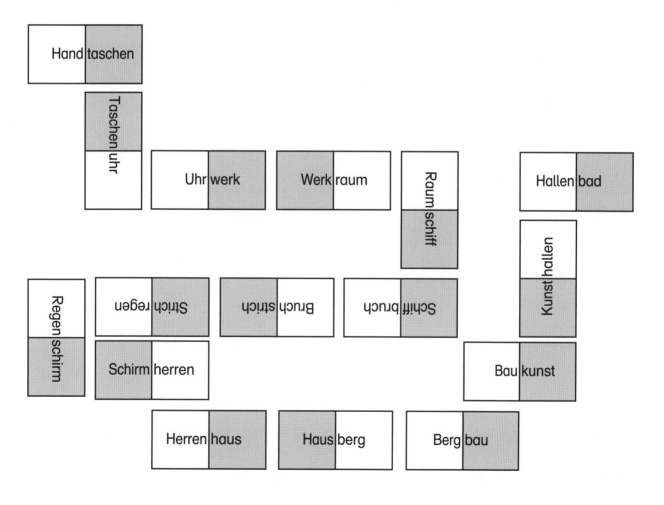

Notiere hier alle „Domino-Nomen", die im Plural stehen!

Handtaschen, Schirmherren, Kunsthallen

© Brigg Pädagogik Verlag GmbH, Augsburg

Best.-Nr. 692

Wortspielereien und Sprachbasteleien

Wörtlich genommen

 Vervollständige die nicht ganz ernst gemeinten Erklärungssätze mit den unten stehenden Nomen! Viel Spaß!

> **Lampenfieber, Fallschirmspringer, Schlagwort, Frauenschwarm, Land-streicher, Armleuchter, Strafraum, Gesichtspunkt, Holzbank, Isolierband, Freispruch, Feuerwehrball**

Ein Licht spendender Köperteil wird auch .... genannt.

Ein .... ist eine Redensart, welche nichts kostet.

Ein Bankgebäude im Blockhüttenstil bezeichnet man als ....

Eine abgeschirmte Musikgruppe wird mit .... umschrieben.

Ein .... ist eine Ansammlung weiblicher Wesen.

Hüpft jemand einem fallenden Schirm nach, ist er ein ....

Das runde Leder für Feuerwehrmänner nennt man ....

Unter einem .... versteht man einen Landschaftsmaler.

Mit .... umschreibt man eine Krankheit, die besonders

Leuchtschirme befällt.

Das Zimmer, in dem vor allem schlimme Kinder bestraft werden, heißt

neuerdings ....

Findet jemand einen kleinen runden Fleck auf seiner Gesichtshaut, so ist dies

ein ....

Mit dem Ausdruck .... bezeichnet man ein Wort, das ständig

um sich schlägt.

Werner Routil: Wochenportfolios für den Deutschunterricht mit Lerneffekt · 5. Klasse · Best.-Nr. 692

 Vervollständige die nicht ganz ernst gemeinten Erklärungssätze mit den unten stehenden Nomen! Viel Spaß!

> **Lampenfieber, Fallschirmspringer, Schlagwort, Frauenschwarm, Landstreicher, Armleuchter, Strafraum, Gesichtspunkt, Holzbank, Isolierband, Freispruch, Feuerwehrball**

Ein Licht spendender Köperteil wird auch **Armleuchter** genannt.

Ein **Freispruch** ist eine Redensart, welche nichts kostet.

Ein Bankgebäude im Blockhüttenstil bezeichnet man als **Holzbank**.

Eine abgeschirmte Musikgruppe wird mit **Isolierband** umschrieben.

Ein **Frauenschwarm** ist eine Ansammlung weiblicher Wesen.

Hüpft jemand einem fallenden Schirm nach, ist er ein **Fallschirmspringer**.

Das runde Leder für Feuerwehrmänner nennt man **Feuerwehrball**.

Unter einem **Landstreicher** versteht man einen Landschaftsmaler.

Mit **Lampenfieber** umschreibt man eine Krankheit, die besonders Leuchtschirme befällt.

Das Zimmer, in dem vor allem schlimme Kinder bestraft werden, heißt neuerdings **Strafraum**.

Findet jemand einen kleinen runden Fleck auf seiner Gesichtshaut, so ist dies ein **Gesichtspunkt**.

Mit dem Ausdruck **Schlagwort** bezeichnet man ein Wort, das ständig um sich schlägt.

Wortspielereien und Sprachbasteleien

Und das ist meine Meinung

Das hat mir besonders gut gefallen: ☺

O Die Arbeitsanweisungen waren genau und verständlich formuliert.

O Ich durfte mir meine Lernzeit und das Arbeitstempo selbst einteilen.

O Beim Lösen der einzelnen Arbeitsaufgaben hatte ich keinerlei Probleme.

O Mich motivierte die Art der Aufgabenstellungen sehr.

O ....

Das hat mir mittelmäßig gefallen: ☺

O Ich musste einige Male Lehrerhilfe in Anspruch nehmen.

O Manche Aufgabenstellungen fand ich leicht, andere schwieriger.

O Die Einteilung meines persönlichen Arbeitstempos klappte nur teilweise.

O Das Ergebnis meiner Arbeit hing von der jeweiligen Tagesverfassung ab.

O ....

Das hat mir überhaupt nicht gefallen: ☹

O Ich hatte große Schwierigkeiten, mit der Arbeit rechtzeitig fertig zu werden.

O Ich verstand den Inhalt einiger Arbeitsanweisungen nicht.

O Die meisten Aufgabenstellungen überforderten mich.

O Ich musste ständig meinen Lehrer/meine Lehrerin um Auskunft bitten.

O ....

Unterschrift des Schülers/der Schülerin: ....

Werner Routil: Wochenportfolios für den Deutschunterricht mit Lerneffekt · 5. Klasse · Best.-Nr. 692

Gesucht: Grammatik-Spürnasen

Lernzielkatalog

Die Schüler/-innen sollen

1. Satzbeispiele für die direkte Rede inhaltlich und satzzeichenmäßig vervollständigen bzw. formulieren;

2. die Wortarten Verb, Nomen, Adjektiv, Pronomen und Präposition in vorgegebenen Sätzen richtig bestimmen;

3. die gleiche Semantik jeweils zweier Adjektive durch korrekte Zuordnung bestimmen;

4. die Satzarten Aussagesatz, Fragesatz und Aufforderungssatz regelkonform erkennen;

5. die Satzglieder Subjekt, Prädikat, Dativobjekt, Akkusativobjekt, Angaben der Zeit, des Orts, der Art und Weise sowie der Begründung mit den gewohnten Farben unterstreichen und mit den üblichen Abkürzungen versehen;

6. die Verschiebeprobe exemplarisch korrekt schriftlich durchführen.

Schreibe nachfolgend in die Leerzeilen jeweils die 2. Formulierungsart für die direkte Rede! Unterstreiche danach alle direkte Reden!

Musterbeispiel:

„Das ist ja ein Wetter zum Heulen", seufzte Herr Jakob.

Herr Jakob seufzte: „Das ist ja ein Wetter zum Heulen."

Der Tierfreund fragte: „Warum zerrst du so an der Leine, Waldi?"

....

„Wer hat denn die Telefonzellentür geöffnet?", murmelte der Mann.

....

Das Herrchen dachte sich: „Was habe ich doch für einen klugen Hund!"

....

Der Tierliebhaber sprach: „Wir werden sicher bald zu Hause sein und dann im Trockenen sitzen."

....

....

....

Werner Rouil: Wochenportfolios für den Deutschunterricht mit Lerneffekt · 5. Klasse · Best.-Nr. 692

Schreibe nachfolgend in die Leerzeilen jeweils die 2. Formulierungs-art für die direkte Rede! Unterstreiche danach alle direkte Reden!

Musterbeispiel:

„Das ist ja ein Wetter zum Heulen", seufzte Herr Jakob.

Herr Jakob seufzte: „Das ist ja ein Wetter zum Heulen."

Der Tierfreund fragte: „Warum zerrst du so an der Leine, Waldi?"

„Warum zerrst du so an der Leine, Waldi?", fragte der Tierfreund.

„Wer hat denn die Telefonzellentür geöffnet?", murmelte der Mann.

Der Mann murmelte: „Wer hat denn die Telefonzellentür geöffnet?"

Das Herrchen dachte sich: „Was habe ich doch für einen klugen Hund!"

„Was habe ich doch für einen klugen Hund!", dachte sich das Herrchen.

Der Tierliebhaber sprach: „Wir werden sicher bald zu Hause sein und dann im Trockenen sitzen."

„Wir werden sicher bald zu Hause sein und dann im Trockenen sitzen", sprach der Tierliebhaber.

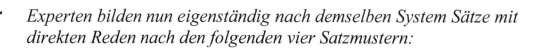

*Experten bilden nun eigenständig nach demselben System Sätze mit
direkten Reden nach den folgenden vier Satzmustern:*

1a .... : „.. .“

1b ....

2a „.............................!“, ...

2b ....

3a .... : „.................................?“

3b ....

4 „..“,

....„ “.................

.................................“

Werner Rouil: Wochenportfolios für den Deutschunterricht mit Lerneffekt · 5. Klasse · Best.-Nr. 692

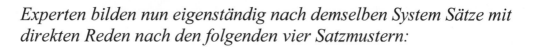
Experten bilden nun eigenständig nach demselben System Sätze mit direkten Reden nach den folgenden vier Satzmustern:

1a   Der Hausmeister meinte: „Eine genaue Mülltrennung ist notwendig."

1b   „Eine genaue Mülltrennung ist notwendig", meinte der Hausmeister.

2a   „Wirf die Bananenschale sofort in den Bio-Müll!", rief Susi aufgeregt.

2b   Susi rief aufgeregt: „Wirf die Bananenschale sofort in den Bio-Müll!"

3a   Die Schulärztin fragte: „Ernährt ihr euch auch gesund, Kinder?"

3b   „Ernährt ihr euch auch gesund, Kinder?", fragte die Schulärztin.

4   „Wir bemühen uns sehr", antwortete Gerhard, „schließlich wollen wir uns unsere körperliche Fitness erhalten."

(mögliche Lösungen)

Gesucht: Grammatik-Spürnasen

Wortarten erkennen

Suche die richtigen Lösungspaare und beweise damit dein Vorwissen!

1	Verb	**A**	Verhältniswort
2	Nomen	**B**	Fürwort
3	Adjektiv	**C**	Eigenschaftswort/Wiewort
4	Pronomen	**D**	Zeitwort/Tunwort
5	Präposition	**E**	Hauptwort/Namenwort/Substantiv

Die richtigen Lösungspaare lauten: ....

Zu welcher Wortart gehört das jeweils unterstrichene Wort?
Kreuze die richtige Lösung an!

Die Bücherprinzessin

1. Auf einem <u>prächtigen</u> Schloss lebte einst eine <u>traurige</u> Prinzessin.

O Nomen　　　O Verb　　　O Adjektiv　　　O Pronomen　　　O Präposition

2. <u>Sie</u> war sehr unglücklich und hatte das Lachen verlernt.

O Nomen　　　O Verb　　　O Adjektiv　　　O Pronomen　　　O Präposition

3. Die <u>Ärzte</u> des <u>Königreiches</u> konnten ihr nicht helfen.

O Nomen　　　O Verb　　　O Adjektiv　　　O Pronomen　　　O Präposition

4. Eines Tages erschien ein junger Bursche <u>mit</u> einem Rucksack.

O Nomen　　　O Verb　　　O Adjektiv　　　O Pronomen　　　O Präposition

Werner Br. ül: Wochenportfolios für den Deutschunterricht mit Lerneffekt · 5. Klasse · Best.-Nr. 692

Gesucht: Grammatik-Spürnasen

Lösung: Wortarten erkennen

Suche die richtigen Lösungspaare und beweise damit dein Vorwissen!

1	Verb	**A**	Verhältniswort
2	Nomen	**B**	Fürwort
3	Adjektiv	**C**	Eigenschaftswort/Wiewort
4	Pronomen	**D**	Zeitwort/Tunwort
5	Präposition	**E**	Hauptwort/Namenwort/Substantiv

Die richtigen Lösungspaare lauten: **1D, 2E, 3C, 4B, 5A**

Zu welcher Wortart gehört das jeweils unterstrichene Wort?
Kreuze die richtige Lösung an!

Die Bücherprinzessin

1. Auf einem <u>prächtigen</u> Schloss lebte einst eine <u>traurige</u> Prinzessin.

    O Nomen   O Verb   **X Adjektiv**   O Pronomen   O Präposition

2. <u>Sie</u> war sehr unglücklich und hatte das Lachen verlernt.

    O Nomen   O Verb   O Adjektiv   **X Pronomen**   O Präposition

3. Die <u>Ärzte</u> des <u>Königreiches</u> konnten ihr nicht helfen.

    X Nomen   O Verb   O Adjektiv   O Pronomen   O Präposition

4. Eines Tages erschien ein junger Bursche <u>mit</u> einem Rucksack.

    O Nomen   O Verb   O Adjektiv   O Pronomen   **X Präposition**

5. Darin befanden sich viele <u>spannende</u> und <u>lustige</u> Bücher.

O Nomen   O Verb   O Adjektiv   O Pronomen   O Präposition

6. Die Schlosswachen <u>wollten</u> den Fremden zuvor sogar <u>verhaften</u>.

O Nomen   O Verb   O Adjektiv   O Pronomen   O Präposition

7. Schließlich begann <u>er</u>, der Prinzessin und <u>ihrem</u> Vater vorzulesen.

O Nomen   O Verb   O Adjektiv   O Pronomen   O Präposition

8. Vor lauter Lachen <u>rannen</u> der Königstochter die Tränen herunter.

O Nomen   O Verb   O Adjektiv   O Pronomen   O Präposition

9. Fortan wurde sie <u>im</u> gesamten Land die glückliche Bücherprinzessin genannt.

O Nomen   O Verb   O Adjektiv   O Pronomen   O Präposition

Werner Rputil: Wochenportfolios für den Deutschunterricht mit Lerneffekt · 5. Klasse · Best.-Nr. 692

5. Darin befanden sich viele <u>spannende</u> und <u>lustige</u> Bücher.

    O Nomen   O Verb   **X Adjektiv**   O Pronomen   O Präposition

6. Die Schlosswachen <u>wollten</u> den Fremden zuvor sogar <u>verhaften</u>.

    O Nomen   **X Verb**   O Adjektiv   O Pronomen   O Präposition

7. Schließlich begann <u>er</u>, der Prinzessin und <u>ihrem</u> Vater vorzulesen.

    O Nomen   O Verb   O Adjektiv   **X Pronomen**   O Präposition

8. Vor lauter Lachen <u>rannen</u> der Königstochter die Tränen herunter.

    O Nomen   **X Verb**   O Adjektiv   O Pronomen   O Präposition

9. Fortan wurde sie <u>im</u> gesamten Land die glückliche Bücherprinzessin genannt.

    O Nomen   O Verb   O Adjektiv   O Pronomen   **X Präposition**

Male in jeder Zeile die zwei inhaltlich zusammengehörenden Eigenschaftswörter mit der gleichen Farbe an!

flink	träge	faul	schnell
klug	gescheit	ehrlich	rechtschaffen
langsam	dumm	einfältig	gemächlich
fleißig	stolz	ehrgeizig	eingebildet
verlogen	unsicher	unehrlich	schüchtern
klein	winzig	dreckig	schmutzig
groß	elegant	vornehm	geräumig
hübsch	richtig	schön	fehlerlos
wichtig	fehlerhaft	falsch	bedeutend
sauber	rein	schlampig	unordentlich

Bilde nun aus der oberen Wörterliste mindestens 10 Gegensatzpaare und schreibe sie darunter auf!

....

....

....

....

....

Werner Routil: Wochenportfolios für den Deutschunterricht mit Lerneffekt · 5. Klasse · Best.-Nr. 692

Male in jeder Zeile die zwei inhaltlich zusammengehörenden Eigenschaftswörter mit der gleichen Farbe an!

flink	träge	faul	schnell
klug	gescheit	ehrlich	rechtschaffen
langsam	dumm	einfältig	gemächlich
fleißig	stolz	ehrgeizig	eingebildet
verlogen	unsicher	unehrlich	schüchtern
klein	winzig	dreckig	schmutzig
groß	elegant	vornehm	geräumig
hübsch	richtig	schön	fehlerlos
wichtig	fehlerhaft	falsch	bedeutend
sauber	rein	schlampig	unordentlich

Bilde nun aus der oberen Wörterliste mindestens 10 Gegensatzpaare und schreibe sie darunter auf!

groß – klein,   richtig – falsch

faul – fleißig   schnell – langsam

rein – schmutzig   klug – dumm

fehlerhaft – fehlerlos   ehrlich – verlogen

stolz – schüchtern   winzig – geräumig

(mögliche Lösungen)

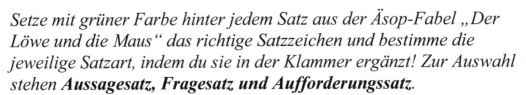
*Setze mit grüner Farbe hinter jedem Satz aus der Äsop-Fabel „Der Löwe und die Maus" das richtige Satzzeichen und bestimme die jeweilige Satzart, indem du sie in der Klammer ergänzt! Zur Auswahl stehen **Aussagesatz, Fragesatz und Aufforderungssatz**.*

1. Der mächtige Löwe schlief ruhig atmend in seiner Höhle ☐

(Das ist ein …………………………………)

2. Um ihn herum spielte eine ausgelassene Mäuseschar ☐

(Das ist ein …………………………………)

3. Warum passte eines dieser armen Geschöpfe nicht auf ☐

(Das ist ein …………………………………)

4. Bitte lasse mich am Leben ☐

(Das ist ein …………………………………)

5. Was würde dem König der Tiere wohl der Tod des Mäuschens nützen ☐

(Das ist ein …………………………………)

6. Kurze Zeit darauf war der Löwe selbst in höchster Gefahr ☐

(Das ist ein …………………………………)

7. Wieso hatte sich das mächtige Tier in einem Netz verfangen ☐

(Das ist ein …………………………………)

8. Lieber Freund, befreie mich von diesen Stricken ☐

(Das ist ein …………………………………)

Werner Rouit: Wochenportfolios für den Deutschunterricht mit Lerneffekt · 5. Klasse · Best.-Nr. 692

Setze mit grüner Farbe hinter jedem Satz aus der Äsop-Fabel „Der Löwe und die Maus" das richtige Satzzeichen und bestimme die jeweilige Satzart, indem du sie in der Klammer ergänzt! Zur Auswahl stehen **Aussagesatz, Fragesatz** *und* **Aufforderungssatz**.

1. Der mächtige Löwe schlief ruhig atmend in seiner Höhle $\boxed{.}$

   (Das ist ein **Aussagesatz** .)

2. Um ihn herum spielte eine ausgelassene Mäuseschar $\boxed{.}$

   (Das ist ein **Aussagesatz** .)

3. Warum passte eines dieser armen Geschöpfe nicht auf $\boxed{?}$

   (Das ist ein **Fragesatz** .)

4. Bitte lasse mich am Leben $\boxed{!}$

   (Das ist ein **Aufforderungssatz** .)

5. Was würde dem König der Tiere wohl der Tod des Mäuschens nützen $\boxed{?}$

   (Das ist ein **Fragesatz** .)

6. Kurze Zeit darauf war der Löwe selbst in höchster Gefahr $\boxed{.}$

   (Das ist ein **Aussagesatz** .)

7. Wieso hatte sich das mächtige Tier in einem Netz verfangen $\boxed{?}$

   (Das ist ein **Fragesatz** .)

8. Lieber Freund, befreie mich von diesen Stricken $\boxed{!}$

   (Das ist ein **Aufforderungssatz** .)

*Trenne zunächst in jedem Satz alle Satzglieder durch Striche und bestimme anschließend alle **Subjekte, Prädikate und Objekte** mit den gewohnten Farben und Abkürzungen. Notiere zuletzt in den Leerzeilen jeweils eine Möglichkeit der Verschiebeprobe. Viel Spaß dabei!*

S = Subjekt	O_d = direktes Objekt
V = Verb (V_1, V_2 …)	O_i = indirektes Objekt

1. Till wollte den ehrwürdigen Doktoren einen Streich spielen.

   ....

2. Eulenspiegel brachte einem Esel das Lesen bei.

   ....

3. Dem störrischen Tier gab der Schelm köstliches Futter.

   ....

4. Der Tunichtgut holte ein großes Buch hervor.

   ....

5. Der Esel schrie die richtigen Buchstaben.

   ....

6. Den Gelehrten verging das Lachen.

   ....

Werner Routil: Wochenportfolios für den Deutschunterricht mit Lerneffekt · 5. Klasse · Best.-Nr. 692

*Trenne zunächst in jedem Satz alle Satzglieder durch Striche und bestimme anschließend alle **Subjekte, Prädikate und Objekte** mit den gewohnten Farben und Abkürzungen. Notiere zuletzt in den Leerzeilen jeweils eine Möglichkeit der Verschiebeprobe. Viel Spaß dabei!*

S = Subjekt	O_d = direktes Objekt
V = Verb (V_1, V_2 …)	O_i = indirektes Objekt

   S V_1 O_i O_d V_2

1. Till / wollte / den ehrwürdigen Doktoren / einen Streich / spielen.

Den ehrwürdigen Doktoren wollte Till einen Streich spielen.

     S V_1 O_i O_d V_2

2. Eulenspiegel / brachte / einem Esel / das Lesen / bei.

Das Lesen brachte Eulenspiegel einem Esel bei.

    O_i V   S O_d

3. Dem störrischen Tier / gab / der Schelm / köstliches Futter.

Köstliches Futter gab der Schelm dem störrischen Tier.

    S V_1 O_d V_2

4. Der Tunichtgut / holte / ein großes Buch / hervor.

Ein großes Buch holte der Tunichtgut hervor.

    S   V O_d

5. Der Esel / schrie / die richtigen Buchstaben.

Die richtigen Buchstaben schrie der Esel.

   O_i V   S

6. Den Gelehrten / verging / das Lachen.

Das Lachen verging den Gelehrten.

*Welche **Arten von Angaben des Umstands** verstecken sich in den folgenden Sätzen? Zur Wahl stehen **Angaben der Zeit (A_Z)**, **des Orts (A_O)**, **der Art und Weise (A_W)** sowie **der Begründung (A_B)**. Unterstreiche und bestimme!*
Hilfen: Frage nach „wann?", „wo?", „wie?" oder „warum?".
In Klammern findest du die Zahl der Angaben im jeweiligen Satz.

Am Bahnhof

Beim Fahrkartenschalter erhalten Inge und Max vor der Abreise ihre Bahnkarten von einem freundlichen Beamten. (2)

Die Kinder verstauen anschließend gut gelaunt ihre Koffer in einem der Schließfächer. (3)

Wegen einiger Unklarheiten schauen die beiden kurz darauf bei der Informationsstelle vorbei. (3)

Mit einem Aufzug gelangen sie zu den Bahnsteigen. (2)

Etwas aufgeregt betrachten die Geschwister die riesige Bahnhofshalle; schließlich entdecken sie vor sich das Schild für die Deutsche Bundesbahn. (3)

Werner Routil: Wochenportfolios für den Deutschunterricht mit Lerneffekt · 5. Klasse · Best.-Nr. 692

*Welche **Arten von Angaben des Umstands** verstecken sich in den folgenden Sätzen? Zur Wahl stehen **Angaben der Zeit (A_Z), des Orts (A_O), der Art und Weise (A_W) sowie der Begründung (A_B)**. Unterstreiche und bestimme!*
Hilfen: Frage nach „wann?", „wo?", „wie?" oder „warum?".
In Klammern findest du die Zahl der Angaben im jeweiligen Satz.

Am Bahnhof

A_O A_Z
Beim Fahrkartenschalter erhalten Inge und Max vor der Abreise

ihre Bahnkarten von einem freundlichen Beamten. (2)

A_Z A_W
Die Kinder verstauen anschließend gut gelaunt ihre Koffer
A_O
in einem der Schließfächer. (3)

A_B A_Z
Wegen einiger Unklarheiten schauen die beiden kurz darauf
A_O
bei der Informationsstelle vorbei. (3)

A_W A_O
Mit einem Aufzug gelangen sie zu den Bahnsteigen. (2)

A_W
Etwas aufgeregt betrachten die Geschwister die riesige

A_Z A_O
Bahnhofshalle; schließlich entdecken sie vor sich das Schild

für die Deutsche Bundesbahn. (3)

Gesucht: Grammatik-Spürnasen

Und das ist meine Meinung

Das hat mir besonders gut gefallen:	☺

○ Die Arbeitsanweisungen waren genau und verständlich formuliert.

○ Ich durfte mir meine Lernzeit und das Arbeitstempo selbst einteilen.

○ Beim Lösen der einzelnen Arbeitsaufgaben hatte ich keinerlei Probleme.

○ Mich motivierte die Art der Aufgabenstellungen sehr.

○ ....

Das hat mir mittelmäßig gefallen:	☺

○ Ich musste einige Male Lehrerhilfe in Anspruch nehmen.

○ Manche Aufgabenstellungen fand ich leicht, andere schwieriger.

○ Die Einteilung meines persönlichen Arbeitstempos klappte nur teilweise.

○ Das Ergebnis meiner Arbeit hing von der jeweiligen Tagesverfassung ab.

○ ....

Das hat mir überhaupt nicht gefallen:	☹

○ Ich hatte große Schwierigkeiten, mit der Arbeit rechtzeitig fertig zu werden.

○ Ich verstand den Inhalt einiger Arbeitsanweisungen nicht.

○ Die meisten Aufgabenstellungen überforderten mich.

○ Ich musste ständig meinen Lehrer/meine Lehrerin um Auskunft bitten.

○ ....

Unterschrift des Schülers/der Schülerin: ....

Werner Rouiti· Wochenportfolios für den Deutschunterricht mit Lerneffekt · 5. Klasse · Best.-Nr. 692

Märchen

Lernzielkatalog

Die Schüler/-innen sollen

1. bekannte Grimm-Märchen mittels diverser Rätselfragen erkennen und benennen;

2. einen „märchenhaften" Blockschrift-Text in normale Schreibschrift übertragen;

3. die Einladung zu „Rotkäppchens Geburtstagsparty" verbal und grafisch gestalten;

4. typische Erkennungsmerkmale von Volksmärchen erkennen und mündlich aufzählen;

5. nach inhaltlichen und stilistischen Vorgaben selbstständig und kreativ ein „eigenes" Märchen verfassen;

6. märchenhafte Zaubersprüche dem Original(text) gemäß vervollständigen;

7. die Satzglieder Subjekt, Verb, indirektes Objekt und direktes Objekt in „märchenhaften" Sätzen mit der entsprechenden Farbe unterstreichen und mit den üblichen Abkürzungen versehen;

8. die Zeitformen Präsens, Präteritum und Futur durch Unterstreichen der jeweiligen Verbteile zielsicher bestimmen.

In einem kleinen Haus am Waldrand lebte ein armer Holzhacker mit seiner Frau und seinen beiden Kindern Hänsel und Gretel. Sie waren so arm, dass die Eltern nicht mehr wussten, wovon sie ihre Kinder ernähren sollten. Deshalb beschlossen sie, die Kinder im tiefen Wald auszusetzen. Als die bedauernswerten Geschöpfe eine Weile herumgeirrt waren, erblickten sie plötzlich einen gläsernen Sarg. Darin lag ein wunderschönes Mädchen mit schwarzen Haaren. Ein Prinz verliebte sich sofort in Schneewittchen und bat die sieben Zwerge, ihm den Sarg mit Schneewittchen zu überlassen. Die Zwerge willigten schließlich ein. Als sie den Glassarg hochhoben, stolperte einer der Zwerge über eine Wurzel. Durch die Erschütterung löste sich das vergiftete Apfelstück, und Schneewittchen erwachte! Der Prinz nahm seine Braut mit aufs Schloss. Um das Schloss wuchs mit der Zeit eine dichte Rosenhecke. Viele Jahre vergingen, bis sich ein tapferer Jüngling mit seinem Schwert einen Weg in das Schloss-innere bahnte. So gelangte er in die Turmkammer, in der Dornröschen schlief. Der Prinz küsste die Schlafende wach. Mit ihr erwachten auch alle anderen Schlossbewohner. Das Mädchen aber verschenkte sein letztes Hemdchen. So stand es zitternd vor Kälte draußen, als plötzlich tausende und abertausende Goldtaler vom Himmel fielen. Dazu flatterte ein feines Kleidchen aus Seide in ihre Hände, mit dem es die Goldstückchen auffing. Nun war das arme Mädchen reich und brauchte keine Not mehr zu leiden. Es ging in den Schlossgarten und spielte mit seinem Lieblingsspielzeug, einer goldenen Kugel. Unglücklicherweise fiel die Goldkugel in den Brunnen. Die Prinzessin vergoss bittere Tränen. Da kroch ein hässlicher Frosch aus dem Brunnenloch und sprach zu ihr: „Liebes Kind, du brauchst keine Angst vor mir zu haben. Ich bin Frau Holle. Wenn du fleißig bist und die Betten immer gut ausschüttelst, soll es dir bei mir gut gehen." Seitdem schneit es bei uns auf Erden.

Schreibe die Märchen, die sich in diesem „Märcheneintopf" finden, in der Reihenfolge des Vorkommens auf!

1 .... 2 ....

3 .... 4 ....

5 .... 6 ....

Werner Routli: Wochenportfolios für den Deutschunterricht mit Lerneffekt · 5. Klasse · Best.-Nr. 692

In einem kleinen Haus am Waldrand lebte ein armer Holzhacker mit seiner Frau und seinen beiden Kindern Hänsel und Gretel. Sie waren so arm, dass die Eltern nicht mehr wussten, wovon sie ihre Kinder ernähren sollten. Deshalb beschlossen sie, die Kinder im tiefen Wald auszusetzen. Als die bedauernswerten Geschöpfe eine Weile herumgeirrt waren, erblickten sie plötzlich einen gläsernen Sarg. Darin lag ein wunderschönes Mädchen mit schwarzen Haaren. Ein Prinz verliebte sich sofort in Schneewittchen und bat die sieben Zwerge, ihm den Sarg mit Schneewittchen zu überlassen. Die Zwerge willigten schließlich ein. Als sie den Glassarg hochhoben, stolperte einer der Zwerge über eine Wurzel. Durch die Erschütterung löste sich das vergiftete Apfelstück, und Schneewittchen erwachte! Der Prinz nahm seine Braut mit aufs Schloss. Um das Schloss wuchs mit der Zeit eine dichte Rosenhecke. Viele Jahre vergingen, bis sich ein tapferer Jüngling mit seinem Schwert einen Weg in das Schloss-innere bahnte. So gelangte er in die Turmkammer, in der Dornröschen schlief. Der Prinz küsste die Schlafende wach. Mit ihr erwachten auch alle anderen Schlossbewohner. Das Mädchen aber verschenkte sein letztes Hemdchen. So stand es zitternd vor Kälte draußen, als plötzlich tausende und abertausende Goldtaler vom Himmel fielen. Dazu flatterte ein feines Kleidchen aus Seide in ihre Hände, mit dem es die Goldstückchen auffing. Nun war das arme Mädchen reich und brauchte keine Not mehr zu leiden. Es ging in den Schlossgarten und spielte mit seinem Lieblingsspielzeug, einer goldenen Kugel. Unglücklicherweise fiel die Goldkugel in den Brunnen. Die Prinzessin vergoss bittere Tränen. Da kroch ein hässlicher Frosch aus dem Brunnenloch und sprach zu ihr: „Liebes Kind, du brauchst keine Angst vor mir zu haben. Ich bin Frau Holle. Wenn du fleißig bist und die Betten immer gut ausschüttelst, soll es dir bei mir gut gehen." Seitdem schneit es bei uns auf Erden.

 Schreibe die Märchen, die sich in diesem „Märcheneintopf" finden, in der Reihenfolge des Vorkommens auf!

1 **Hänsel und Gretel**   2 **Schneewittchen und die sieben Zwerge**

3 **Dornröschen**   4 **Sterntaler**

5 **Froschkönig**   6 **Frau Holle**

Übertrage den folgenden Text in „normale" Schreibschrift und setze dabei die fehlenden Punkte! Achte besonders auf die Groß- und Kleinschreibung sowie die Buchstaben ss und ß!

ROTKÄPPCHENS GEBURTSTAGSPARTYS WAREN IM GESAMTEN MÄRCHENLAND BERÜHMT JEDES JAHR IM FRÜHLING VERSCHICKTE SIE PERSÖNLICHE EINLADUNGEN AN IHRE FREUNDE SO GAB ES AUCH HEUER EIN FRÖHLICHES WIEDERSEHEN MIT ALTEN BEKANNTEN UND VIELE GESCHENKE FÜR DAS GEBURTSTAGSKIND ZUNÄCHST ÜBERREICHTE IHR FRAU HOLLE EIN FEDERLEICHTES BETTZEUG HANS IM GLÜCK HATTE EIGENS FÜR SIE EINE GOLDENE GANS EINGETAUSCHT DORNRÖSCHEN WIEDERUM SCHENKTE IHR DIE NEUE CD DER BREMER STADTMUSIKANTEN ZULETZT DRÜCKTEN HÄNSEL UND GRETEL ROTKÄPPCHEN DAS FUNKELNAGELNEUE HEXEN-HANDY IN DIE HAND DIE BESCHENKTE FREUTE SICH SEHR ÜBER ALL DIESE GABEN UND ZEIGTE SIE STOLZ IHRER BÄRIGEN GROSS MUTTER

....

....

....

....

....

....

....

....

Werner Rauti: Wochenportfolios für den Deutschunterricht mit Lerneffekt · 5. Klasse · Best.-Nr. 692

 Übertrage den folgenden Text in „normale" Schreibschrift und setze dabei die fehlenden Punkte! Achte besonders auf die Groß- und Kleinschreibung sowie die Buchstaben ss und ß!

ROTKÄPPCHENS GEBURTSTAGSPARTYS WAREN IM GESAMTEN MÄRCHENLAND BERÜHMT JEDES JAHR IM FRÜHLING VER-SCHICKTE SIE PERSÖNLICHE EINLADUNGEN AN IHRE FREUNDE SO GAB ES AUCH HEUER EIN FRÖHLICHES WIEDERSEHEN MIT ALTEN BEKANNTEN UND VIELE GESCHENKE FÜR DAS GEBURTSTAGSKIND ZUNÄCHST ÜBERREICHTE IHR FRAU HOLLE EIN FEDERLEICHTES BETTZEUG HANS IM GLÜCK HATTE EIGENS FÜR SIE EINE GOLDENE GANS EINGETAUSCHT DORNRÖSCHEN WIEDERUM SCHENKTE IHR DIE NEUE CD DER BREMER STADTMUSIKANTEN ZULETZT DRÜCKTEN HÄNSEL UND GRETEL ROTKÄPPCHEN DAS FUNKELNAGELNEUE HEXEN-HANDY IN DIE HAND DIE BESCHENKTE FREUTE SICH SEHR ÜBER ALL DIESE GABEN UND ZEIGTE SIE STOLZ IHRER BÄRIGEN GROSS MUTTER

R̲otkäppchens G̲eburtstagspartys waren im gesamten M̲ärchenland berühmt. J̲edes J̲ahr im F̲rühling verschickte sie persönliche E̲inladungen an ihre F̲reunde. S̲o gab es auch heuer ein fröhliches W̲iedersehen mit alten B̲ekannten und viele G̲eschenke für das G̲eburtstagskind. Z̲unächst überreichte ihr F̲rau H̲olle ein federleichtes B̲ettzeug. H̲ans im G̲lück hatte eigens für sie eine goldene G̲ans eingetauscht. D̲ornröschen wiederum schenkte ihr die neue C̲D̲ der B̲remer S̲tadtmusikanten. Z̲uletzt drückten H̲änsel und G̲retel R̲otkäppchen das funkelnagelneue H̲exen-H̲andy in die H̲and. D̲ie B̲eschenkte freute sich sehr über all diese G̲aben und zeigte sie stolz ihrer bärigen G̲roßmutter.

*Gestalte nun nach deinen eigenen Vorstellungen ein
Einladungsschreiben zu Rotkäppchens Geburtstagsparty!
Achte dabei nicht nur auf den Text, sondern auch auf die grafische
Ausführung! Vergiss nicht, anzuführen, wo und wann die
Geburtstagsparty stattfinden wird!*

Werner Rouill: Wochenportfolios für den Deutschunterricht mit Lerneffekt · 5. Klasse · Best.-Nr. 692

Gestalte nun nach deinen eigenen Vorstellungen ein Einladungsschreiben zu Rotkäppchens Geburtstagsparty! Achte dabei nicht nur auf den Text, sondern auch auf die grafische Ausführung! Vergiss nicht, anzuführen, wo und wann die Geburtstagsparty stattfinden wird!

(mögliche Lösung)

Herzliche

EINLADUNG

zu meiner

GEBURTSTAGSPARTY

am Samstag, dem 12. Oktober 2011 , 15.00 Uhr

im Gartenhaus, Wolfgasse 99.

Dein ROTKÄPPCHEN

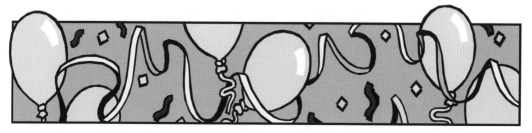

Werner Routil: Wochenportfolios für den Deutschunterricht mit Lerneffekt · 5. Klasse · Best.-Nr. 692
© Brigg Pädagogik Verlag GmbH, Augsburg

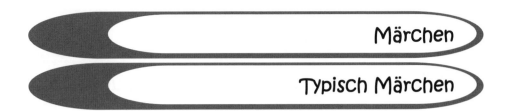

Die meisten der uns geläufigen Märchen sind „Volksmärchen". Sie beruhen auf mündlichen Überlieferungen. In Europa haben die Brüder Jacob und Wilhelm Grimm zu Beginn des 19. Jahrhunderts diese Geschichten gesammelt, niedergeschrieben und anschließend veröffentlicht.

 Was sind nun eigentlich die typischen Merkmale von Volksmärchen? Kreuze Zutreffendes an!

O   „Es war einmal ..." ist der formelhafte Beginn eines „Volksmärchens".

O   In den Märchenerzählungen gibt es sehr genaue Orts- und Zeitangaben.

O   „Verwandlungen" aller Art werden mittels Zaubersprüchen durchgeführt und dienen der gerechten Sache.

O   Tiere und Pflanzen sprechen wie Menschen.

O   Die magischen Zahlen „3" und „7" spielen eine wichtige Rolle.

O   Die Märchentexte beziehen sich auf Ereignisse in der Wirklichkeit.

O   Es existieren mehrere „Welten" nebeneinander.

O   Faulheit, Bosheit und Hochmut werden stets bestraft.

O   Am Ende siegt nicht immer das Gute.

O   Mit „... und wenn sie nicht gestorben sind, ..." enden die Märchentexte.

Werner Routil: Wochenportfolios für den Deutschunterricht mit Lerneffekt · 5. Klasse · Best.-Nr. 692

Die meisten der uns geläufigen Märchen sind „Volksmärchen". Sie beruhen auf mündlichen Überlieferungen. In Europa haben die Brüder Jacob und Wilhelm Grimm zu Beginn des 19. Jahrhunderts diese Geschichten gesammelt, niedergeschrieben und anschließend veröffentlicht.

 Was sind nun eigentlich die typischen Merkmale von Volksmärchen? Kreuze Zutreffendes an!

X „Es war einmal ..." ist der formelhafte Beginn eines „Volksmärchens".

O In den Märchenerzählungen gibt es sehr genaue Orts- und Zeitangaben.

X „Verwandlungen" aller Art werden mittels Zaubersprüchen durchgeführt und dienen der gerechten Sache.

X Tiere und Pflanzen sprechen wie Menschen.

X Die magischen Zahlen „3" und „7" spielen eine wichtige Rolle.

O Die Märchentexte beziehen sich auf Ereignisse in der Wirklichkeit.

X Es existieren mehrere „Welten" nebeneinander.

X Faulheit, Bosheit und Hochmut werden stets bestraft.

O Am Ende siegt nicht immer das Gute.

X Mit „... und wenn sie nicht gestorben sind, ..." enden die Märchentexte.

Wähle aus jeder der sechs Spalten ein Feld aus, kennzeichne es mit Farbe und verfasse mit den nun entstandenen Reizwörtern dein eigenes Märchen!

Held des Märchens	Aufgaben des Helden	Gegner des Helden	Ein Tier als Freund	Helfendes Zaubermittel	Ort der Handlung
Witwe mit Kindern	drei Rätsel lösen	Zauberer	Esel	Ring mit drei Wünschen	Waldhütte
mutiger Prinz	Gefangene befreien	Stiefmutter	Kater	Zauberstab	Schloss
armer Hirtensohn	ein Untier bekämpfen	böser Zwerg	Wolf	Zaubertrank	Räuberhöhle
tapferer Ritter	Ängste besiegen	Riese	Bär	Zauberspruch	Wald
ehrliches Bauernkind	Hindernisse überwinden	Hexe	Einhorn	Siebenmeilen-Stiefel	See
hochmütige Prinzessin	eine Braut suchen	Drache	Schlange	Baum der „Wahrheit"	Hexenhaus
freie Wahl	freie Wahl	freie Wahl	freie Wahl	freie Wahl	freie Wahl

....

....

....

....

....

....

....

....

Werner Rouil: Wochenportfolios für den Deutschunterricht mit Lerneffekt · 5. Klasse · Best.-Nr. 692

....

....

....

....

....

....

....

....

....

....

....

....

....

....

....

 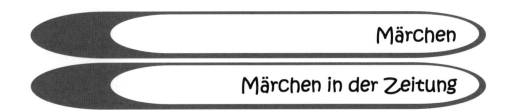

In Märchen wird oft von seltsamen und grausigen Begebenheiten erzählt. Würden sich diese Dinge heute ereignen, könnte man sie bestimmt in der Zeitung nachlesen. Die Schlagzeilen würden dann vielleicht so lauten:

SCHLAGZEILEN

Mädchen schlief hundert Jahre ohne zu altern

Kind stieß alte Frau in Backofen

Schwestern verstümmelten sich selber die Füße

Kaiser nackt beim Umzug

Was war im Quellwasser?

Junge nach dem Trinken zum Reh geworden

Hausangestellte nach der Kündigung mit Pech begossen

Frau vergiftete Stieftochter aus Neid: Sie war schöner!

Prinzessin heiratet Schneider

(aus „DER BUNTE HUND", Nr. 59)

Um welche Märchen handelt es sich hier? Schreibe sie auf!

1 .... 2 ....

3 .... 4 ....

5 .... 6 ....

7 .... 8 ....

Welches dieser Märchen ist NICHT von den Gebrüdern Grimm?

....

Werner Routil: Wochenportfolios für den Deutschunterricht mit Lerneffekt · 5. Klasse · Best.-Nr. 692

In Märchen wird oft von seltsamen und grausigen Begebenheiten erzählt. Würden sich diese Dinge heute ereignen, könnte man sie bestimmt in der Zeitung nachlesen. Die Schlagzeilen würden dann vielleicht so lauten:

SCHLAGZEILEN

Mädchen schlief hundert Jahre ohne zu altern

Kind stieß alte Frau in Backofen

Schwestern verstümmelten sich selber die Füße

Kaiser nackt beim Umzug

Was war im Quellwasser?
Junge nach dem Trinken zum Reh geworden

Hausangestellte nach der Kündigung mit Pech begossen

Frau vergiftete Stieftochter aus Neid: Sie war schöner!

Prinzessin heiratet Schneider

(aus „DER BUNTE HUND", Nr. 59)

 Um welche Märchen handelt es sich hier? Schreibe sie auf!

1 Dornröschen

2 Brüderchen und Schwesterchen

3 Hänsel und Gretel

4 Frau Holle

5 Aschenputtel

6 Schneewittchen

7 Des Kaisers neue Kleider

8 Das tapfere Schneiderlein

 Welches dieser Märchen ist NICHT von den Gebrüdern Grimm?

Des Kaisers neue Kleider

Werner Rodai: Wochenpotunios für den Deutschunterricht mit Lerneffekt · 5. Klasse · Best.-Nr. 692

© Brigg Pädagogik Verlag GmbH, Augsburg

Sicherlich kommen dir die nachfolgenden unvollständigen Sprüche und Zitate bekannt vor. Ergänze unter Zuhilfenahme der Märchenliteratur alle fehlenden Wörter und male daneben ein entsprechendes Märchen-Bildmotiv!

1. „Sieben auf einen ....!"

2. „Heut' back' ich, morgen brau' ich,
übermorgen hol' ich der Königin ihr ....
Ach wie gut, dass niemand weiß,
dass ich .... heiß'!"

3. „Was rumpelt und pumpelt
in meinem .... herum?
Ich meinte, es waren sechs ....,
doch sind's lauter Wackerstein."

4. „Spieglein, Spieglein an der ....,
wer ist die .... im ganzen Land?"

5. „Rapunzel, Rapunzel,
lass dein .... herunter!"

6. „Rucke di guck, rucke die guh, ...
ist im Schuh. Der Schuh ist zu klein,
die rechte .... sitzt noch daheim."

7. „Knusper, ..., knäuschen,
wer knuspert an meinem ....?"

Werner Routil: Wochenportfolios für den Deutschunterricht mit Lerneffekt · 5. Klasse · Best.-Nr. 692

Sicherlich kommen dir die nachfolgenden unvollständigen Sprüche und Zitate bekannt vor. Ergänze unter Zuhilfenahme der Märchenliteratur alle fehlenden Wörter und male daneben ein entsprechendes Märchen-Bildmotiv!

1. „Sieben auf einen **Streich**!"

2. „Heut' back' ich, morgen brau' ich, übermorgen hol' ich der Königin ihr **Kind**. Ach wie gut, dass niemand weiß, dass ich **Rumpelstilzchen** heiß'!"

3. „Was rumpelt und pumpelt in meinem **Bauch** herum? Ich meinte, es waren sechs **Geißlein**, doch sind's lauter Wackerstein."

4. „Spieglein, Spieglein an der **Wand**, wer ist die **Schönste** im ganzen Land?"

5. „Rapunzel, Rapunzel, lass dein **Haar** herunter!"

6. „Rucke di guck, rucke die guh, **Blut** ist im Schuh. Der Schuh ist zu klein, die rechte **Braut** sitzt noch daheim."

7. „Knusper, **knusper**, knäuschen, wer knuspert an meinem **Häuschen**?"

Bestimme bei den folgenden Sätzen aus dem Märchenland alle unterstrichenen Satzglieder und schreibe die korrekte Lösung abgekürzt darüber!

S = Subjekt	O_d = direktes Objekt
V = Verb (V_1, V_2 ...)	O_i = indirektes Objekt

      S O_d

<u>Der gestiefelte Kater</u> überlistet <u>den Zauberer.</u>

Rotkäppchen <u>besucht</u> seine Großmutter.

<u>Hänsel und Gretel</u> knabbern an dem Pfefferkuchenhaus.

Schneewittchen <u>wohnt</u> bei den sieben Zwergen.

<u>König Drosselbart</u> zähmt <u>die übermütige Königstochter.</u>

<u>Ein Wettrennen</u> veranstalten <u>der Hase und der Igel.</u>

Vom Tellerchen der Prinzessin <u>will</u> der Froschkönig <u>essen.</u>

<u>Die Bremer Stadtmusikanten</u> vertreiben <u>die Räuber.</u>

Dornröschen <u>schläft</u> hundert Jahre.

<u>Schwesterchen</u> hilft <u>den sieben Raben.</u>

Werner Pautli: Wochenportfolios für den Deutschunterricht mit Lerneffekt · 5. Klasse · Best.-Nr. 692

 Bestimme bei den folgenden Sätzen aus dem Märchenland alle unterstrichenen Satzglieder und schreibe die korrekte Lösung abgekürzt darüber!

S = Subjekt	O_d = direktes Objekt
V = Verb (V_1, V_2 …)	O_i = indirektes Objekt

S O_d
Der gestiefelte Kater überlistet den Zauberer.

        V
Rotkäppchen besucht seine Großmutter.

      S
Hänsel und Gretel knabbern an dem Pfefferkuchenhaus.

        V
Schneewittchen wohnt bei den sieben Zwergen.

      S O_d
König Drosselbart zähmt die übermütige Königstochter.

     O_d S
Ein Wettrennen veranstalten der Hase und der Igel.

            V_1 V_2
Vom Tellerchen der Prinzessin will der Froschkönig essen.

       S O_d
Die Bremer Stadtmusikanten vertreiben die Räuber.

        V
Dornröschen schläft hundert Jahre.

     S O_i
Schwesterchen hilft den sieben Raben.

Bestimme die jeweilige Zeitform der folgenden märchenhaften Sätze durch richtiges Ankreuzen!
Unterstreiche zuvor alle Verben mit Buntstift!

1) Die vier Gefährten vertrieben die Räuber mit List.

   O Präsens   O Präteritum   O Futur

2) Die beiden Kinder begaben sich in den finsteren Wald.

   O Präsens   O Präteritum   O Futur

3) Die Prinzessin wird zur rechten Zeit aus dem Tiefschlaf erwachen.

   O Präsens   O Präteritum   O Futur

4) Der Schneidermeister erlegte gleich „Sieben auf einen Streich".

   O Präsens   O Präteritum   O Futur

5) Die besorgte Mutter wird ihre Geißlein hoffentlich retten können.

   O Präsens   O Präteritum   O Futur

6) Der hinterlistige Kobold war sich seiner Sache zu sicher.

   O Präsens   O Präteritum   O Futur

7) Werden die beiden Schwestern den Bären bei sich aufnehmen?

   O Präsens   O Präteritum   O Futur

8) Die Zwerge bestaunen ihren wunderschönen Gast.

   O Präsens   O Präteritum   O Futur

9) Tauben helfen dem gutmütigen Mädchen bei seiner täglichen Arbeit.

   O Präsens   O Präteritum   O Futur

Werner Rauti: Wochenportfolios für den Deutschunterricht mit Lerneffekt · 5. Klasse · Best.-Nr. 692

Bestimme die jeweilige Zeitform der folgenden märchenhaften Sätze durch richtiges Ankreuzen!
Unterstreiche zuvor alle Verben mit Buntstift!

1) Die vier Gefährten <u>vertrieben</u> die Räuber mit List.

   O Präsens   **X Präteritum**   O Futur

2) Die beiden Kinder <u>begaben</u> <u>sich</u> in den finsteren Wald.

   O Präsens   **X Präteritum**   O Futur

3) Die Prinzessin <u>wird</u> zur rechten Zeit aus dem Tiefschlaf <u>erwachen</u>.

   O Präsens   O Präteritum   **X Futur**

4) Der Schneidermeister <u>erlegte</u> gleich „Sieben auf einen Streich".

   O Präsens   **X Präteritum**   O Futur

5) Die besorgte Mutter <u>wird</u> ihre Geißlein hoffentlich <u>retten</u> <u>können</u>.

   O Präsens   O Präteritum   **X Futur**

6) Der hinterlistige Kobold <u>war</u> sich seiner Sache zu sicher.

   O Präsens   **X Präteritum**   O Futur

7) <u>Werden</u> die beiden Schwestern den Bären bei sich <u>aufnehmen</u>?

   O Präsens   O Präteritum   **X Futur**

8) Die Zwerge <u>bestaunen</u> ihren wunderschönen Gast.

   X Präsens   O Präteritum   O Futur

9) Tauben <u>helfen</u> dem gutmütigen Mädchen bei seiner täglichen Arbeit.

   X Präsens   O Präteritum   O Futur

 Aus welchen Märchen stammen denn eigentlich die Aussagen von S. 92? Schreibe den zutreffenden Lösungsbuchstaben zur Nummer des jeweiligen Satzes und du erhältst den Titel eines berühmten Grimm-Märchens!

Zur Auswahl stehen:

(E) ASCHENPUTTEL

(U) DAS TAPFERE SCHNEIDERLEIN

(F) DIE BREMER STADTMUSIKANTEN

(A) DORNRÖSCHEN

(L) SCHNEEWITTCHEN UND DIE SIEBEN ZWERGE

(L) SCHNEEWEISSCHEN UND ROSENROT

(H) DER WOLF UND DIE SIEBEN GEISSLEIN

(R) HÄNSEL UND GRETEL

(O) RUMPELSTILZCHEN

1) ....
2) ....
3) ....
4) ....
5) ....
6) ....
7) ....
8) ....
9) ....

Die richtige Lösung lautet: „..."

Werner Rauti· Wochenportfolios für den Deutschunterricht mit Lerneffekt · 5. Klasse · Best.-Nr. 692

Aus welchen Märchen stammen denn eigentlich die Aussagen von S. 92? Schreibe den zutreffenden Lösungsbuchstaben zur Nummer des jeweiligen Satzes und du erhältst den Titel eines berühmten Grimm-Märchens!

Zur Auswahl stehen:

(E) ASCHENPUTTEL

(U) DAS TAPFERE SCHNEIDERLEIN

(F) DIE BREMER STADTMUSIKANTEN

(A) DORNRÖSCHEN

(L) SCHNEEWITTCHEN UND DIE SIEBEN ZWERGE

(L) SCHNEEWEISSCHEN UND ROSENROT

(H) DER WOLF UND DIE SIEBEN GEISSLEIN

(R) HÄNSEL UND GRETEL

(O) RUMPELSTILZCHEN

1) F
2) R
3) A
4) U
5) H
6) O
7) L
8) L
9) E

Die richtige Lösung lautet: „**Frau Holle**"

Das hat mir besonders gut gefallen: ☺

○ Die Arbeitsanweisungen waren genau und verständlich formuliert.

○ Ich durfte mir meine Lernzeit und das Arbeitstempo selbst einteilen.

○ Beim Lösen der einzelnen Arbeitsaufgaben hatte ich keinerlei Probleme.

○ Mich motivierte die Art der Aufgabenstellungen sehr.

○ ....

Das hat mir mittelmäßig gefallen: ☻

○ Ich musste einige Male Lehrerhilfe in Anspruch nehmen.

○ Manche Aufgabenstellungen fand ich leicht, andere schwieriger.

○ Die Einteilung meines persönlichen Arbeitstempos klappte nur teilweise.

○ Das Ergebnis meiner Arbeit hing von der jeweiligen Tagesverfassung ab.

○ ....

Das hat mir überhaupt nicht gefallen: ☹

○ Ich hatte große Schwierigkeiten, mit der Arbeit rechtzeitig fertig zu werden.

○ Ich verstand den Inhalt einiger Arbeitsanweisungen nicht.

○ Die meisten Aufgabenstellungen überforderten mich.

○ Ich musste ständig meinen Lehrer/meine Lehrerin um Auskunft bitten.

○ ....

Unterschrift des Schülers/der Schülerin: ....

Werner Routil: Wochenportfolios für den Deutschunterricht mit Lerneffekt · 5. Klasse · Best.-Nr. 692

Sprachkompetenz: „Indianer"

Lernzielkatalog

Die Schüler/-innen sollen

1. das Blatt „Bruder Baum zeichnen" grafisch gestalten;

2. die einzelnen Satzteile des Textes „Roter Mann was nun?" korrekt verbinden und zusammenfügen;

3. allgemein bekannte Begriffe aus dem „Indianischen" nach Vorgabe mit eigenen Worten erklären;

4. mithilfe einer Internet-Recherche biografische Daten und Fakten dreier berühmter Lakota-Häuptlinge aufschreiben;

5. den Lückentext mit dem Titel „Bisons" sinngemäß vervollständigen;

6. exemplarisch eine selbst ausgewählte Indianerweisheit auswendig aufsagen;

7. die Geschichte „Motekuhzomas Gesetz" aus der Sicht des Indianerjungen schriftlich nacherzählen;

8. das Kreuzworträtsel zur Person des Jugendbuchautors Georg Bydlinski lösen.

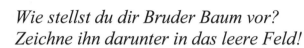

Wie stellst du dir Bruder Baum vor?
Zeichne ihn darunter in das leere Feld!

Mutter

ERDE

Seit dem 16. Jahrhundert drangen immer mehr Europäer in die Weiten Nordamerikas vor. Sie nahmen den Indianern in mehrfach gebrochenen Verträgen und in grausamen Kriegen deren Land weg. Sie verbannten die Ureinwohner des Kontinents in ärmliche Reservate. Die Naturverbundenheit der Indianer ist jedoch unsterblich ...

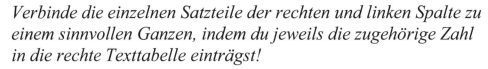

Verbinde die einzelnen Satzteile der rechten und linken Spalte zu einem sinnvollen Ganzen, indem du jeweils die zugehörige Zahl in die rechte Texttabelle einträgst!

Roter Mann was nun?

1 Nach der Wiederentdeckung Amerikas durch Christoph Kolumbus segelten

... Amerikas Urbevölkerung in sogenannte Reservate.

2 Zwischen den Einwanderern und den Indianern

... unbekannte Dinge mit: Waffen, Schießpulver und Pferde.

3 Friedliebende Weiße und Rothäute

... Kartoffeln, Tomaten und Kakao.

4 Die Europäer brachten viele für die Ureinwohner Amerikas

... Europäer aus Abenteuerlust und Habgier in die „Neue Welt".

5 Die weißen Siedler wiederum lernten neue Lebensmittel kennen:

... rauchten allerdings auch manches Mal die Friedenspfeife.

6 Mittel- und Südamerika besiedelten hauptsächlich die Spanier und Portugiesen;

... in Nordamerika wurden vor allem Franzosen und Engländer heimisch.

7 Durch den Bau von Eisenbahnlinien wurde

... kam es immer wieder zu gewaltsamen Auseinandersetzungen.

8 Schließlich vertrieben die neuen „Herren"

... ihre wertvolle Kultur am Leben zu erhalten.

9 Die indianischen Nachfahren versuchen trotz allem,

... der natürliche Lebensraum der Indianer ständig eingeschränkt.

Werner Routil: Wochenportfolios für den Deutschunterricht mit Lerneffekt · 5. Klasse · Best.-Nr. 692

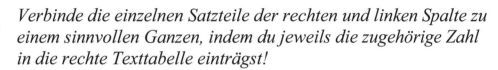

Verbinde die einzelnen Satzteile der rechten und linken Spalte zu einem sinnvollen Ganzen, indem du jeweils die zugehörige Zahl in die rechte Texttabelle einträgst!

Roter Mann was nun?

1 Nach der Wiederentdeckung Amerikas durch Christoph Kolumbus segelten

8 Amerikas Urbevölkerung in sogenannte Reservate.

2 Zwischen den Einwanderern und den Indianern

4 unbekannte Dinge mit: Waffen, Schießpulver und Pferde.

3 Friedliebende Weiße und Rothäute

5 Kartoffeln, Tomaten und Kakao.

4 Die Europäer brachten viele für die Ureinwohner Amerikas

1 Europäer aus Abenteuerlust und Habgier in die „Neue Welt".

5 Die weißen Siedler wiederum lernten neue Lebensmittel kennen:

3 rauchten allerdings auch manches Mal die Friedenspfeife.

6 Mittel- und Südamerika besiedelten hauptsächlich die Spanier und Portugiesen;

6 in Nordamerika wurden vor allem Franzosen und Engländer heimisch.

7 Durch den Bau von Eisenbahnlinien wurde

2 kam es immer wieder zu gewaltsamen Auseinandersetzungen.

8 Schließlich vertrieben die neuen „Herren"

9 ihre wertvolle Kultur am Leben zu erhalten.

9 Die indianischen Nachfahren versuchen trotz allem,

7 der natürliche Lebensraum der Indianer ständig eingeschränkt.

Schreibe den nun geordneten Gesamttext darunter auf!

Roter Mann was nun?

....

....

....

....

....

....

....

....

....

....

....

....

....

Werner Routil: Wochenportfolios für den Deutschunterricht mit Lerneffekt · 5. Klasse · Best.-Nr. 692

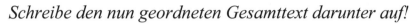

Schreibe den nun geordneten Gesamttext darunter auf!

Roter Mann was nun?

Nach der Wiederentdeckung Amerikas durch Christoph Kolumbus segelten Europäer aus Abenteuerlust und Habgier in die „Neue Welt". Zwischen den Einwanderern und den Indianern kam es immer wieder zu gewaltsamen Auseinandersetzungen. Friedliebende Weiße und Rothäute rauchten allerdings auch manches Mal die Friedenspfeife. Die Europäer brachten viele für die Ureinwohner Amerikas unbekannte Dinge mit: Waffen, Schießpulver und Pferde. Die weißen Siedler wiederum lernten neue Lebensmittel kennen: Kartoffeln, Tomaten und Kakao. Mittel- und Südamerika besiedelten hauptsächlich die Spanier und Portugiesen; in Nordamerika wurden vor allem Franzosen und Engländer heimisch. Durch den Bau von Eisenbahnlinien wurde der natürliche Lebensraum der Indianer ständig beschränkt. Schließlich vertrieben die neuen „Herren" Amerikas Urbevölkerung in sogenannte Reservate. Die indianischen Nachfahren versuchen trotz allem, ihre wertvolle Kultur am Leben zu erhalten.

Welche Wörter und Begriffe aus dem „Indianischen" sind dir schon bekannt? Mithilfe des folgenden Fragenkatalogs kannst du dein (Vor-)Wissen überprüfen. Kreuze die zutreffende Erklärung an.

1. Was sind **Mokassins**?
   O Lederschuhe (DER)   O Getränk (DIE)   O Sträucher (DAS)

2. Ein **Tipi** ist ein …
   O Medizinmann (DA)   O Vogel (BE)   O Stangenzelt (GROS)

3. Was bedeutet das Wort **Squaw**?
   O Indianerjunge (HIR)   O Indianerfrau (SE)   O Anführer (TU)

4. Was versteht man unter einem **Reservat**?
   O ein Indianerlied (ER)   O ein zugewiesenes Siedlungsgebiet (GEI)

5. Was ist ein **Tomahawk**?
   O eine Streitaxt (ST)   O ein Messer (SP)   O ein Pfeil (VER)

6. Was bedeutet der Ausdruck **Manitu**?
   O „Kleiner Häuptling" (IE)   O „Großer Geist" (HAT)

7. Was versteht man unter einem **Wigwam**?
   O kuppelförmige Hütte (GE)   O Bogen (AB)   O Friedenspfeife (UN)

8. Was bedeutet **Pueblo**?
   O Indianersiedlung (HOL)   O Höhle (TEL)   O Pferd (INT)

9. Bei welchem Begriff handelt es sich um **keinen Indianerstamm**?
   O Apachen (TER)   O Cheyenne (IN)   O Wikinger (FEN)

Wenn du jetzt die in Klammer stehenden Buchstabenkombinationen jeder richtigen Lösung in der korrekten Reihenfolge zusammensetzt, erhältst du folgenden Lösungssatz:

„. . .   . .!"

Werner Routil: Wochenportfolios für den Deutschunterricht mit Lerneffekt · 5. Klasse · Best.-Nr. 692

Welche Wörter und Begriffe aus dem „Indianischen" sind dir schon bekannt? Mithilfe des folgenden Fragenkatalogs kannst du dein (Vor-)Wissen überprüfen. Kreuze die zutreffende Erklärung an.

1. Was sind **Mokassins**?
   X Lederschuhe (DER)　　　　O Getränk (DIE)　　　O Sträucher (DAS)

2. Ein **Tipi** ist ein …
   O Medizinmann (DA)　　　　O Vogel (BE)　　　　X Stangenzelt (GROS)

3. Was bedeutet das Wort **Squaw**?
   O Indianerjunge (HIR)　　　X Indianerfrau (SE)　O Anführer (TU)

4. Was versteht man unter einem **Reservat**?
   O ein Indianerlied (ER)　　　X ein zugewiesenes Siedlungsgebiet (GEI)

5. Was ist ein **Tomahawk**?
   X eine Streitaxt (ST)　　　　O ein Messer (SP)　　O ein Pfeil (VER)

6. Was bedeutet der Ausdruck **Manitu**?
   O „Kleiner Häuptling" (IE)　　X „Großer Geist" (HAT)

7. Was versteht man unter einem **Wigwam**?
   X kuppelförmige Hütte (GE)　O Bogen (AB)　　　　O Friedenspfeife (UN)

8. Was bedeutet **Pueblo**?
   X Indianersiedlung (HOL)　　O Höhle (TEL)　　　　O Pferd (INT)

9. Bei welchem Begriff handelt es sich um **keinen Indianerstamm**?
   O Apachen (TER)　　　　　　O Cheyenne (IN)　　　X Wikinger (FEN)

Wenn du jetzt die in Klammer stehenden Buchstabenkombinationen jeder richtigen Lösung in der korrekten Reihenfolge zusammensetzt, erhältst du folgenden Lösungssatz:

„DER GROSSE GEIST HAT GEHOLFEN!"

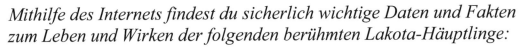

Mithilfe des Internets findest du sicherlich wichtige Daten und Fakten zum Leben und Wirken der folgenden berühmten Lakota-Häuptlinge:

1. CHIEF RED CLOUD
Lakota Name: Maxpiya Luta

....

....

....

....

2. SITTING BULL
Lakota Name: Tatanka Yotanka

....

....

....

....

3. CRAZY HORSE
Lakota Name: Tashunka Witko

....

....

....

....

Werner Rout!: Wochenportfolios für den Deutschunterricht mit Lerneffekt · 5. Klasse · Best.-Nr. 692

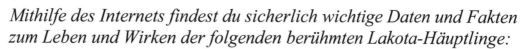

Sprachkompetenz: „Indianer"

Lösung: Berühmte Häuptlinge

*Mithilfe des Internets findest du sicherlich wichtige Daten und Fakten
zum Leben und Wirken der folgenden berühmten Lakota-Häuptlinge:*

1. CHIEF RED CLOUD
Lakota Name: Maxpiya Luta

Hat als Vierzehnjähriger die Vision, zum Häuptling bestimmt
zu sein;
leistet gegen die weißen Eindringlinge erbitterten
Widerstand;
setzt sich danach für einen dauerhaften Frieden ein;
kann das Vertriebenwerden seines Volkes in ein Reservat
nicht verhindern.

2. SITTING BULL
Lakota Name: Tatanka Yotanka

Wird als bedeutender Häuptling und Medizinmann noch
heute verehrt;
flieht nach der Schlacht am Little Bighorn nach Kanada ins
Exil;
ergibt sich erst 1881 und geht ins Reservat;
wird 1890 von der Reservatspolizei erschossen.

3. CRAZY HORSE
Lakota Name: Tashunka Witko

Steht wie Sitting Bull den Weißen unversöhnlich gegenüber;
ergibt sich nach der Schlacht am Little Bighorn;
wird 1877 in Gefangenschaft ermordet;
gilt heute als Symbolfigur für unbeugsamen Freiheitswillen.

(mögliche Lösungen)

 Vervollständige den Lückentext zum Thema „Bison", indem du die zutreffenden Lösungswörter aus der Wörterbox verwendest! Doch Vorsicht, es haben sich auch falsche Lösungen eingeschlichen!

Europäern – Bisons – 8000 – lebensnotwendig – Hausbau – Zeltbau – Fell – vertreiben – Nahrung – Jagd – einladen – Schatztruhe – Lebensgrundlage – Liedern – heiliges – unnützes

Bisons

Das Leben der Lakota war und ist sehr eng mit den .... verknüpft. Von den 60 Millionen lebenden Tieren im Jahr 1894 sind heute noch .... übrig geblieben.

Für die Prärie-Indianer war der Bison .... Sein Fleisch diente den Stämmen als ...., sein .... als Kleidung, und die Tierhäute benötigten die Lakota für den .... In vielen .... und Gebeten bedankten sich Rothäute dafür, dass die Bisons ihnen genau das gaben, was sie für ihr Leben brauchten.

Als der weiße Mann die Prärie-Ureinwohner .... wollte, machte er bewusst und gezielt .... auf die Bisons. Damit wurde den Indianern die .... geraubt. In den Augen der Lakota ist und bleibt der Bison aus diesem Grund ein .... Tier.

Werner Rouil: Wochenportfolios für den Deutschunterricht mit Lerneffekt · 5. Klasse · Best.-Nr. 692

 Vervollständige den Lückentext zum Thema „Bison", indem du die zutreffenden Lösungswörter aus der Wörterbox verwendest! Doch Vorsicht, es haben sich auch falsche Lösungen eingeschlichen!

~~Europäern~~ – Bisons – 8000 – lebensnotwendig – ~~Hausbau~~ – Zeltbau – Fell – vertreiben – Nahrung – Jagd – ~~einladen~~ – ~~Schatztruhe~~ – Lebensgrundlage – Liedern – heiliges – ~~unnützes~~

Bisons

Das Leben der Lakota war und ist sehr eng mit den **Bisons** verknüpft. Von den 60 Millionen lebenden Tieren im Jahr 1894 sind heute noch **8000** übrig geblieben.

Für die Prärie-Indianer war der Bison **lebensnotwendig**. Sein Fleisch diente den Stämmen als **Nahrung**, sein **Fell** als Kleidung, und die Tierhäute benötigten die Lakota für den **Zeltbau**. In vielen **Liedern** und Gebeten bedankten sich Rothäute dafür, dass die Bisons ihnen genau das gaben, was sie für ihr Leben brauchten.

Als der weiße Mann die Prärie-Ureinwohner **vertreiben** wollte, machte er bewusst und gezielt **Jagd** auf die Bisons. Damit wurde den Indianern die **Lebensgrundlage** geraubt. In den Augen der Lakota ist und bleibt der Bison aus diesem Grund ein **heiliges** Tier.

Lerne den Text einer der hier angebotenen Indianerweisheiten auswendig und trage ihn danach deinem Lehrer/deiner Lehrerin laut vor!

1.

Als die Erde mit all ihren Lebewesen erschaffen wurde, war es nicht die Absicht des Schöpfers, dass nur Menschen auf ihr leben sollten. Wir wurden zusammen mit unseren Brüdern und Schwestern in diese Welt gesetzt; mit denen, die vier Beine haben; mit denen, die fliegen; und mit denen, die schwimmen. All diese Lebewesen, auch die kleinsten Gräser und die größten Bäume, bilden mit uns eine große Familie. Wir alle sind Geschwister und gleich an Wert auf dieser Erde.

(aus einer Danksagung der Irokesen)

Die Irokesen lebten vor allem im heutigen Kanada, und zwar in Wigwams. Irokesen schoren sich ihren Kopf bis auf einen schmalen Mittelstreifen kahl (vgl. „Irokesenschnitt"!).

2.

> Nahe den Bergen
> klingt der Felsboden
> hohl
> unter den Schritten.
>
> Er sagt dir: Denk daran,
> die Erde ist eine Trommel.
>
> Wir müssen sorgsam auf unsre Schritte achten,
> um im Rhythmus zu bleiben.
>
> (Joseph Bruchac)

Joseph Bruchac ist Lyriker und Bewahrer indianischen Kulturguts. Sein persönliches Nahverhältnis zu den Abenaki ist familienbedingt.

Werner Routil: Wochenportfolios für den Deutschunterricht mit Lerneffekt · 5. Klasse · Best.-Nr. 692

3.

Wir danken unserer Mutter, der Erde, die uns ernährt. Wir danken den Flüssen und Bächen, die uns ihre Wasser geben. Wir danken den Kräutern, die uns ihre heilenden Kräfte schenken. Wir danken dem Mais und seinen Geschwistern, der Bohne und dem Kürbis, die uns am Leben erhalten. Wir danken den Büschen und Bäumen, die uns ihre Früchte spenden. Wir danken dem Wind, der die Luft bewegt und Krankheiten vertreibt. Wir danken dem Mond und den Sternen, die uns mit ihrem Licht leuchten, wenn die Sonne untergegangen ist...

(gekürzt nach einem Gebet der Irokesen)

4.

Vieles ist töricht an eurer so genannten Zivilisation. Wie Verrückte lauft ihr weißen Menschen dem Geld nach, bis ihr so viel habt, dass ihr gar nicht lang genug leben könnt, um es auszugeben. Ihr plündert die Wälder, den Boden; ihr verschwendet die natürlichen Brennstoffe, als käme nach euch keine Generation mehr, die all dies ebenfalls braucht. Die ganze Zeit redet ihr von einer besseren Welt, während ihr immer größere Bomben baut, um jene Welt, die ihr jetzt habt, zu zerstören.

(Tatanga Mani)

 Tatanga Mani entstammt dem Volke der Stoney-Indianer, welche einst als Nomaden in den kanadischen Rocky Mountains und in der angrenzenden Prärie lebten. Tatanga Mani wurde als Kind von einem weißen Missionar adoptiert und erzogen. Er gilt als Brückenbauer zwischen der indianischen und weißen Kultur.

Hier ist noch Platz für deine eigene Meinung:

....

....

....

Werner Kolbl: Wochenportfolios für den Deutschunterricht mit Lerneffekt · 5. Klasse · Best.-Nr. 692
© Brigg Pädagogik Verlag GmbH, Augsburg

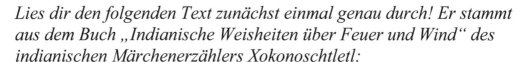

Lies dir den folgenden Text zunächst einmal genau durch! Er stammt aus dem Buch „Indianische Weisheiten über Feuer und Wind" des indianischen Märchenerzählers Xokonoschtletl:

Motekuhzomas Gesetz

Motekuhzoma Xokoyotzin war unser neuer Herrscher. Er erließ ein Gesetz, nach dem kein grünender Baum gefällt werden durfte, es war nicht einmal erlaubt, einen Ast abzubrechen.

Eines Nachmittags machte Motekuhzoma einen Spaziergang. Unterwegs traf er einen Jungen, und er unterhielt sich mit ihm so gut, dass die Zeit im Nu verflog und es Nacht wurde. Es war Winter, Motekuhzoma fror, und er sagte zu dem Jungen: „Holen wir Holz für ein Feuer, mir ist sehr kalt." „Es gibt hier kein dürres Holz", entgegnete ihm das Kind. „Dann brich ein paar Äste ab!", befahl der Herrscher. Als das Kind meinte, die Äste seien doch noch grün, erwiderte er nur: „Hauptsache, sie brennen." „Aber unser Herr Motekuhzoma hat es verboten. Wir sollen die Natur achten, denn sie gibt uns Leben", belehrte ihn der Junge. „Keine Angst, Junge, ich bin Motekuhzoma selbst!" „Dann schäme dich", tadelte der Junge ihn. „Wie kannst du Gesetze machen, die du selbst nicht respektierst? Wie kannst du von uns verlangen, dass wir die Natur achten, wenn du selbst es nicht tust? Glaubst du, nur weil du das Gesetz gemacht hast, darfst du es auch brechen?"

Da schämte sich Motekuhzoma Xokoyotzin und verbrachte die Nacht in der Kälte.

Am nächsten Tag ließ der Herrscher den Jungen rufen und ihn von seinen besten Lehrern unterrichten, damit er ihm eines Tages helfe, das Volk zu regieren. Motekuhzoma hatte gelernt, dass auch ein Herrscher nur ein Schüler des Lebens ist.

Werner Routil: Wochenportfolios für den Deutschunterricht mit Lerneffekt · 5. Klasse · Best.-Nr. 692
© Pätz Bildungsverlag GmbH, Augsburg

 Schlüpfe nun in die Rolle des Indianerjungen und erzähle die Geschichte nach! Berichte vor allem davon, was du alles erlebt hast, als dich der Herrscher von seinen besten Lehrern unterrichten ließ!

....

....

....

....

....

....

....

....

....

....

Neben Käthe Recheis gilt der Mödlinger Jugendbuchautor Georg Bydlinski als Kenner der nordamerikanischen Indianerkultur. Grund genug, ihn aufzusuchen und mit ihm folgendes Gespräch zu führen:

Interviewer: Herr Bydlinski, wie sind Sie eigentlich auf die Idee gekommen, sich gerade mit der Indianerkultur näher zu beschäftigen?

G. Bydlinski: Da sind im Grunde drei Gründe zu nennen: Zunächst war ich von meiner Jugendzeit an ein Karl May-Leser, habe dann später Anglistik und Amerikanistik studiert und wurde durch Käthe Recheis letztlich motiviert, gemeinsam mit ihr eine Sammlung nordamerikanischer Geschichten und Gedichte aus der Welt der Indianer für den deutschsprachigen Raum zu gestalten.

Interviewer: Wie führen Sie die Übersetzung aus dem Indianischen nun konkret durch?

G. Bydlinski: Die meisten der übersetzten Indianertexte sind so genannte „Nachdichtungen", welche schon in amerikanisch-englischer Sprache vorliegen. Diese Vorlagen ins Deutsche zu übertragen war und ist keine größere Schwierigkeit. Käthe Recheis und ich haben die Endfassungen unserer Übersetzungen stets inhaltlich genau abgestimmt.

Werkstatt-Mappen für den Deutschunterricht mit Lerneffekt · 5. Klasse · Best.-Nr. 692

Interviewer: Welche Art von Texten haben Sie dabei besonders interessiert?

G. Bydlinski: Käthe Recheis und ich haben von einfachen Gedichten über Redesammlungen und Lebenserinnerungen berühmter Häuptlinge oder Medizinmänner bis hin zu Artikeln aus nordamerikanischen Indianer-Zeitungen verschiedenste Textsorten ausgewählt, um sie einem europäischen Leserkreis anzubieten.

Interviewer: Welche dieser Texte sind die ältesten?

G. Bydlinski: Das sind vor allem alte Gebete und Gesänge, die innerhalb der einzelnen Stämme von einer Generation zur anderen mündlich weitergegeben wurden. Teilweise haben Käthe Recheis und ich zudem Reden von Häuptlingen aus dem 18. und 19. Jahrhundert berücksichtigt.

Interviewer: Mit welchen Indianerstämmen haben Sie sich aus welchen Gründen besonders beschäftigt?

G. Bydlinski: Einen Schwerpunkt bilden zweifellos neben den Irokesen im heutigen Kanada die Prärie-Indianer, wie etwa die Dakota. Von ihnen gab es schon in früher Zeit schriftliche Lebensberichte und Alltagsgeschichten, welche sie bisweilen weißen Freunden diktiert haben. Darüber hinaus haben wir durch unseren persönlichen Kontakt mit Joseph Bruchac auch das zahlenmäßig relativ kleine Volk der Abenaki in unser schriftstellerisches Tun eingebaut. Dies alles findet man beispielsweise in unserem Band „Ich höre deine Stimme im Wind. Weisheit der Indianer", welcher 1994 bei Herder in Freiburg erschienen ist.

Interviewer: Was kann Ihrer Ansicht nach die heutige Jugend von der Kultur der Indianer lernen?

G. Bydlinski: Ihre Liebe zur Natur, einfach die Art und Weise mit Mutter Erde und Bruder Baum umzugehen. Das wäre gerade in unserer Zeit ein besonders wichtiges Anliegen.

Nachdem du das Interview mit Georg Bydlinski genau gelesen hast, fülle nun das dazugehörige Kreuzworträtsel gewissenhaft aus! Viel Spaß! (Hinweis: Ö und Ä = 1 Buchstabe)

LÖSUNGSWORT: 1 2 3 4 5 6 7 8 9

1. Wo wohnt Georg Bydlinski? …
2. Georg Bydlinski las früher gerne Karl-…-Bücher.
3. Mit Käthe … hat er Indianerbücher verfasst.
4. Welches Indianervolk lebte in Kanada? …
5. Zu den ältesten Indianertexten gehören … .
6. Wo waren die Dakota heimisch? …
7. Wie bezeichnen Indianer unsere Erde? …
8. Dies verdeutlicht ihre Liebe zur … .

Werner Rauti· Wochenportfolios für den Deutschunterricht mit Lerneffekt · 5. Klasse · Best.-Nr. 692

Nachdem du das Interview mit Georg Bydlinski genau gelesen hast, fülle nun das dazugehörige Kreuzworträtsel gewissenhaft aus! Viel Spaß! (Hinweis: Ö und Ä = 1 Buchstabe)

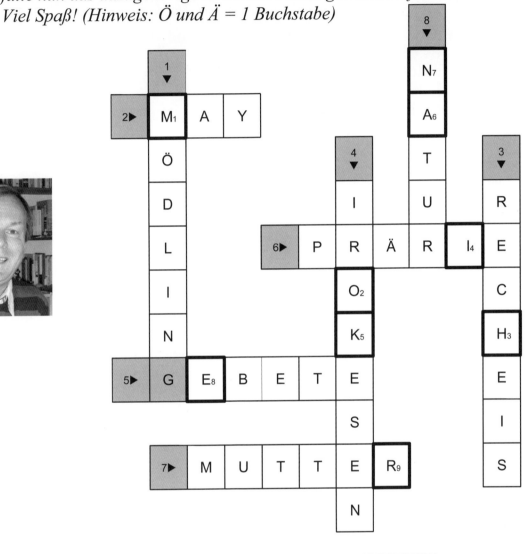

LÖSUNGSWORT:

M	O	H	I	K	A	N	E	R
1	2	3	4	5	6	7	8	9

1. Wo wohnt Georg Bydlinski? **Mödling**
2. Georg Bydlinski las früher gerne Karl-**May**-Bücher.
3. Mit Käthe **Recheis** hat er Indianerbücher verfasst.
4. Welches Indianervolk lebte in Kanada? **Irokesen**
5. Zu den ältesten Indianertexten gehören **Gebete**.
6. Wo waren die Dakota heimisch? **Prärie**
7. Wie bezeichnen Indianer unsere Erde? **Mutter**
8. Dies verdeutlicht ihre Liebe zur **Natur**.

Sprachkompetenz: „Indianer"

Und das ist meine Meinung

Das hat mir besonders gut gefallen: ☺

O   Die Arbeitsanweisungen waren genau und verständlich formuliert.

O   Ich durfte mir meine Lernzeit und das Arbeitstempo selbst einteilen.

O   Beim Lösen der einzelnen Arbeitsaufgaben hatte ich keinerlei Probleme.

O   Mich motivierte die Art der Aufgabenstellungen sehr.

O   ………………………………………………………………………… .

Das hat mir mittelmäßig gefallen: ☺

O   Ich musste einige Male Lehrerhilfe in Anspruch nehmen.

O   Manche Aufgabenstellungen fand ich leicht, andere schwieriger.

O   Die Einteilung meines persönlichen Arbeitstempos klappte nur teilweise.

O   Das Ergebnis meiner Arbeit hing von der jeweiligen Tagesverfassung ab.

O   …………………………………………………………………………

Das hat mir überhaupt nicht gefallen: ☹

O   Ich hatte große Schwierigkeiten, mit der Arbeit rechtzeitig fertig zu werden.

O   Ich verstand den Inhalt einiger Arbeitsanweisungen nicht.

O   Die meisten Aufgabenstellungen überforderten mich.

O   Ich musste ständig meinen Lehrer/meine Lehrerin um Auskunft bitten.

O   ………………………………………………………………………… .

Unterschrift des Schülers/der Schülerin: …………………………………………

Werner Rauti: Wochenportfolios für den Deutschunterricht mit Lerneffekt · 5. Klasse · Best.-Nr. 692

Weiterführende Literaturhinweise

Jürgen Press: „Der kleine Herr Jakob", Otto Maier Verlag, Ravensburg (1981)

Heinz Janisch: „Till Eulenspiegel", Michael Neugebauer Verlag, Zürich (1995)

Felix Mitterer: „Superhenne Hanna", Esslinger Verlag, Wien (2002)

Käthe Recheis: „Der kleine Biber und seine Freunde", Herder Verlag, Wien (1982)

Käthe Recheis und Georg Bydlinski: „Ich höre deine Stimme im Wind", Edition Herder, Freiburg (1994)

Robert Hull: „Donnervogel und Kojote", Schneider Verlag, München (1995)

Ruben Wickenhäuser: „Indianer-Leben. Eine Werkstatt", Verlag an der Ruhr, Mülheim (2003)

Maja Nielsen: „Indianer – Sitting Bull und seine Erben". Mit Henry Red Cloud auf Spurensuche", Gerstenberg, (2007)

Thomas Jeier: „Das große Buch der Indianer. Die Ureinwohner Amerikas", Ueberreuter, Wien (2008)

Claudia Adorjan: „Drachenfeen und Koboldhexen", Eigenverlag, Baden (1999)

Ursel Scheffler: „Kommissar Kugelblitz. Der Fall Kiwi", Verlag Schneider, München (1999)

„Der Bunte Hund" – Das Geschichten- und Bildermagazin, Mai 2008,
Beltz & Gelberg, Weinheim 2008

Wolf Harranth u.a.: „Im Pfirsich wohnt der Pfirsichkern. Gedichte für Kinder", Verlag St. Gabriel, Mödling (1994)

Xokonoschtletl: „Indianische Weisheiten über Feuer und Wind", Orbis Verlag, München (2000)

Monika Plöckinger: „Lesemappe für die Hauptschule, Teil 1", Lehrmittel Alexander Gagern, Wien (o.J.)

Veronika Amm, Werner Bentim, Iris Böger, Christel Borrmann und Katrin Kluge: „Deutsch für dich 5. Arbeitsheft zum Üben – Festigen – Verstehen", Cornelsen, Berlin (2000)

Eva und Gerald Rainer: „Kreuz und quer lesen. Unterrichtsmodelle und -materialien zu 14 modernen Kinder- und Jugendbüchern", Veritas, Linz (2002)

Katrin Manz: „Lesekompetenz: kreativ", Cornelsen, Berlin (2005)

Sonja Vuscina, Wolfgang Pramper: „Bunte Schreibwerkstätte", Veritas, Linz (2006)

Lena Morgenthau: „Textverständnis trainieren", Verlag an der Ruhr, Mülheim (2004)

Karin Haas: „Text lesen Inhalte verstehen", Verlag an der Ruhr, Mülheim (2002)

Margrit Köllbichler: „Portfolio im Deutschunterricht", Veritas, Linz (2006)

Werner Routil, Johann Zenz: „Deutsch kreativ 2", Bildungsverlag Lemberger, Wien (2004)

Werner Routil / Johann Zenz

Deutsch – einfach und klar
Vernetzte Übungsformen für den offenen Deutschunterricht

5. Klasse	**6. Klasse**	**7./8. Klasse**	**9./10. Klasse**
204 S., DIN A4, Kopiervorlagen mit Lösungen **Best.-Nr. 274**	200 S., DIN A4, Kopiervorlagen mit Lösungen **Best.-Nr. 275**	196 S., DIN A4, Kopiervorlagen mit Lösungen **Best.-Nr. 616**	244 S., DIN A4, Kopiervorlagen mit Lösungen **Best.-Nr. 617**

Inhalt: Wörtliche Rede, Lernwörter; Satz- und Wortarten, Satzaufbau, Vergleichsformen, Präpositionen; Bildergeschichten, Märchen, Erlebnis- und Nacherzählung; Kern- und Erweiterungswortschatz, Wortfelder, Wortfamilien; Aufgaben zum Textverständnis, Lesetraining.

Inhalt: Großschreibung von Nominalisierungen; Satzglieder ermitteln, Zeitformen des Verbs; Bericht, Beschreibung; Aufgaben zum Leseverständnis, Lesetraining.

Inhalt: Informationen beschaffen und verarbeiten; Personen und Dinge beschreiben; Kreative Sprachspielereien; Argumentieren und diskutieren; Computer und moderne Technologien; Projektmaterialien: Ein Hörspiel zu „Oma" von Peter Härtling.

Inhalt: Sachverhalte erörtern und diskutieren; Sich mündlich und schriftlich bewerben; Medien und Werbung analysieren; Besondere Bücher – besondere Themen; Die Zukunft hat schon begonnen; Literaturgeschichte.

Diese Bände bieten **fertig erstellte Arbeitsblätter** mit differenzierten Übungsaufgaben zum gesamten Lernstoff des Deutschunterrichts der jeweiligen Klassenstufen, wobei alle Lernbereiche sinnvoll miteinander verknüpft werden. Zu allen Aufgaben sind **Lösungsblätter** vorhanden, ein umfangreicher Sachwortschatz zu bestimmten Themen erweitert den Sprachschatz, **Wiederholungsaufgaben** unterstützen lernschwächere Schüler/-innen und ermöglichen den erfolgreichen Unterricht in heterogenen Klassen. Kleine abgeschlossene Lernzyklen („Offenes Lernen") eignen sich ausgezeichnet für Freiarbeit, Stationenlernen oder Lernzirkel.